Raimon Panikkar

Das Göttliche in Allem

HERDER spektrum

Band 4971

Das Buch

Was ist das Ziel religiöser Sehnsucht? Kann unser spiritueller Hunger wirkliche Erfüllung finden? Und wie kann man über Gott reden, der eigentlich nur im Schweigen erfahrbar wird? Wie und unter welchen Voraussetzungen geschieht eine solche Erfahrung? Was verbindet und trennt die Gotteserfahrung des Jesus von Nazaret von der in anderen Religionen?

Unsere Rede von Gott ist eingeengt – in Denksysteme und Vorstellungen. Panikkar geht es darum, befreiend von ihm zu reden: Wer über Gott redet, darf das nicht mit einem Gespräch über eine Kirche, eine Religion oder einen Glauben verwechseln. Und trotzdem ist klar: Gottvergessenheit ist auch das Kernproblem der Krise des Christentums.

Raimon Panikkar – Grenzgänger zwischen Asien und Europa, wie kaum ein Zweiter mit der geistigen Geschichte christlichen Denkens, aber auch mit der Vielfalt und Konvergenz religiöser Erfahrung heute vertraut – stellt die Frage nach der Gotteserfahrung, dieses existentielle Zentrum aller Religionen, in den Mittelpunkt seines neuen Buches. Es ist so etwas wie eine Zusammenschau lebenslangen Nachdenkens. In der eins werdenden Welt und im Blick auf unsere tiefste Erfahrung und Sehnsucht, die wieder hinführt zum anderen, gibt Panikkar orientierende Antworten: Die faszinierende Grundlegung einer Spiritualität für heute, aus dem Innersten jeder Religion her formuliert.

Der Autor

Raimon Panikkar, promovierter Naturwissenschaftler, Philosoph, Theologe, Priester der Diözese Varanasi/Indien, geboren 1918 in Barcelona als Sohn eines hinduistischen Vaters und einer katholischen Mutter, vereinigt in seiner Person abendländisches Christentum und indische Spiritualität. Er gilt weltweit als inspirierender Mittler und Visionär des interreligiösen Dialogs. Er lehrte u. a. an Universitäten in Madrid, Rom, Cambridge, Harvard, Mysore und Varanasi (Benares). 1972–87 Professor für vergleichende Religionsphilosophie an der University of California, Santa Barbara/USA. Gastprofessor an über 100 Universitäten auf allen fünf Kontinenten. Autor von mehr als 50 Büchern und über 500 umfangreichen Artikeln zu Fragen des interreligiösen Dialogs, z. B. Der Dreiklang der Wirklichkeit. Die kosmotheandrische Offenbarung, Salzburg 1994; Gottes Schweigen. Die Antwort des Buddha für unsere Zeit, München 1992; Den Mönch in sich entdecken, München 1990. Panikkar lebt in Tavertet bei Barcelona.

Raimon Panikkar

Das Göttliche in Allem

Der Kern spiritueller Erfahrung

Aus dem Spanischen von
Ruth Heimbach

Herder
Freiburg · Basel · Wien

Titel der Originalausgabe:
Iconos del misterio, Ediciones Península,
Barcelona 1998, © Raimon Panikkar

Gedruckt auf umweltfreundlichem,
chlorfrei gebleichtem Papier

Deutsche Erstausgabe

Alle Rechte vorbehalten – Printed in Germany
© Verlag Herder Freiburg im Breisgau 2000
Satz: Rudolf Kempf
Herstellung: Freiburger Graphische Betriebe 2000
Umschlaggestaltung und Konzeption:
R·M·E München / Roland Eschlbeck, Liana Tuchel
Umschlagbild: Charles Henry, Cercle chromatique, Paris 1888
Autorenfoto: Roland D. Ropers, Kreuth
ISBN 3-451-04971-6

Denen, die nicht dem Fernsehen verfallen sind

ἄνευ δὲ ἀρετῆς ἀληθινῆς
θεός λεγόμενος ὄνομα ἐστιν

Ohne wirksame Kraft ist der Gott,
über den man spricht, weiter nichts als ein Name.
(PLOTIN, Enneaden II, 9,15,39)

Inhalt

Einführung zur deutschen Ausgabe

Den Titel eines Buches zu wählen, ist für einen Autor (im klassischen Sinne) keine Lappalie. Es ist nicht so, als würde man sich für eine Automarke oder eine bestimmte Zahnpasta entscheiden. Eher kommt dies der Entscheidung nahe, sich einen Gefährten fürs Leben zu ,erwählen'.

Der Titel des spanischen Originals war „Ikonen des Mysteriums". Sowohl dieser spanische als auch der deutsche Titel weisen auf dasselbe hin. Ich habe die Gefährtin nicht ausgetauscht, sie hat nur ihre Kleidung gewechselt.

Die Titeländerung war kein Zugeständnis gegenüber einem um sich greifenden technokratischen Sprachgebrauch, der den jahrhundertealten Sinn vieler Worte unterwandert. Zeit, zum Beispiel, war jahrtausendelang kein quantitativer und homogener Parameter, wie heute viele glauben. Die mehr oder weniger verblüffenden Fähigkeiten eines Computers, um ein weiteres Beispiel zu nennen, sind nicht in Einklang zu bringen mit dem, was der Mensch seit dem Anfang der historischen Zeit „Intelligenz" genannt hat. Die Rede von einer „künstlichen Intelligenz" ist ein linguistischer Irrtum und ein Missbrauch der Sprache.

Was ein „Computer" erreichen kann, wird niemals das sein, was wir „Gotteserfahrung" nennen. Das Idol, das der Computer hypothetisch „Gott" nennen kann, ist nicht der lebendige Gott, auf den wir uns in diesem Buch einlassen.

Seit der Mensch zum Bewusstsein seiner selbst gelangt ist, hat er unterschieden zwischen Idol (Bild, Anschein, Abgott) und Ikone (griech. *eikon*; Sanskr. *mūrti*). Einem in Informatik geschulten Leser, der beim Wort Ikone an eine Witzfigur auf dem Bildschirm denkt, würde ich empfehlen, vor der Fortsetzung der Lektüre das ‚Verzeichnis' zu wechseln.

Meine Absicht ist bei beiden Titeln dieselbe: Es geht darum, „das" zu entmonopolisieren, was viele Traditionen Gott genannt haben und was nicht wenige Religionen als exklusiv interpretieren wollten, wenn sie nicht gar versuchten, es in ihre eigenen Parameter einzuschließen, die, so weiträumig sie auch sein mögen, nie absolut sein können. Alles Menschliche ist kontingent und begrenzt.

Auf der anderen Seite geht es auch keineswegs darum, Gott zu „privatisieren". Da wäre die Arznei schlimmer als die Krankheit. Es kommt auch nicht in Frage, Gott den blinden Kräften des Marktes zu überlassen – wenn dieser sich noch so religiös gäbe. Das wäre Blasphemie – und darüber hinaus nicht nur vermessen, sondern unmöglich. Die Kategorien des Öffentlichen oder des Privaten sind auf „das", was wir Göttlichkeit nennen, nicht anwendbar.

Es geht vielmehr darum, die Tore jener umgrenzten Räume zu öffnen, in denen man das Göttliche fest verschlossen halten wollte, es aber dennoch nicht der Willkür des Individuums auszuliefern. Die Göttlichkeit ist gerade deshalb ein Mysterium, weil sie reine Freiheit ist und sich unter keinerlei Aspekt er-*fassen* lässt. Eine – sei es auch mit dem Wunsch, sie dadurch zu be-*greifen* – gefangen gesetzte Freiheit ist nicht frei.

Eines der wichtigsten Phänomene in der Abenddämmerung des zu Ende gegangenen Jahrhunderts war die so genannte „Befreiungstheologie". Zur Morgendämmerung des neuen Jahrhunderts gehört vielleicht die „Befreiung der Theologie". Mehr noch: eine befreiende Theologie als ein Weg für die Menschheit, „das" zu finden, was in diesen Breiten traditionell „Gott" genannt wird und gegenwärtig eine Verfinsterung durchläuft, weil die gewaltige Welt der modernen Kosmologie sich darüber ausgebreitet hat. Die „Befreiungstheologie" beansprucht, den Menschen von den ungerechten Strukturen zu befreien. Oft genug geschah es im Namen Gottes, dass Menschen ihresgleichen anketten wollten. Die „Befreiung der Theologie" beansprucht nicht weniger, als Gott aus dem exklusiven Herrschaftsbereich des *logos* zu befreien, der auf *ratio* beschränkt ist. Darum geht es: Uns selbst von unseren Gottesbegriffen zu befreien.

Zu behaupten, Gott sei kein Begriff, ist nichts Neues. Gott ist gewiss ein Name. Und der Name ist mehr als ein Etikett. „Aber wir kennen seinen Namen", sagt stolz und zu Recht jener geniale Jude aus Córdoba, Moshe ben Maimon (Maimonides), im 12. Jahrhundert. Der Name ist die Offenbarung der Sache selbst. Und wenn er glaubwürdig ist, ist er Symbol der Sache. Gott ist aber keine Sache. Einen Namen, der „ihn" erschöpfend benennen könnte, hat er nicht. Damit ist nicht gesagt, dass er nicht viele Namen hätte oder diese etwa seine Einzigartigkeit beeinträchtigen würden. Praktisch alle Traditionen der Menschheit haben dies anerkannt. Die Wirklichkeit Gottes ist „innominabile" und außerdem „omninominabile", schrieb Meister Eckhart Ende des 13. Jahrhunderts: Gott hat „keinen Namen" und doch „alle Namen". Wir sagen auch nicht, dass es ein „Ding an sich" gäbe, das sich auf vielerlei Art benennen ließe. In diesem Sinn wollten etwa Indologen einen Text des Ṛg-Veda (I, 164, 46) interpretieren, der aussagt, dass die Weisen (*ṛṣi*) das Eine Sein mit verschiedenen

11

Namen bezeichnen *(ekaṁ sad viprā bahudā vadanti).* Jeder Name ist das Ganze, wenngleich aus einer konkreten Perspektive (das vorausgesetzte „Ding an sich", und nicht ein Teil davon). Wir haben gesagt, es gibt kein solches „Ding an sich" – es sei denn „in uns" oder für unseren Verstand. Jenes Mysterium, das wir „Gott" nennen, hat kein „an sich". Es ist ein Aufeinander-bezogen-Sein, wie es die trinitarische Anschauung der Gottheit ausdrückt. Doch dies ist jetzt nicht unser Thema. Auch wollen wir nicht, wie der erwähnte dominikanische Mystiker, behaupten, dass es eine „Gottheit" über Gott ‚gibt'. Die „Gottheit", von der Meister Eckhart spricht, ist genau das, was der Vater in der christlichen Trinität ist. Aber auch das ist hier nicht unser Thema.

Die Absicht dieses kleinen Buches ist in erster Linie darauf gerichtet, durch einfache Andeutungen und Bilder (und das ist die Funktion des Symbols) einige Aspekte jenes Mysteriums (ich finde keinen anderen Namen) zu beschreiben, auf das auch das Wort „Gott" zutreffen könnte. Ich danke meinem Freund Gotthard Fuchs für vielfältige Redaktions- und Vermittlungsarbeit.

Tavertet
Ostern 2000

Vorwort zur spanischen Ausgabe

Heutzutage muss man ein wenig forsch, naiv oder unbefangen sein, um ein Buch – auch noch ohne Anmerkungen – unter diesem Titel zu veröffentlichen. Der schon ein paar Jahre zurückliegende Anlass einer einwöchigen Konferenz über dieses Thema, veranstaltet für Religionslehrer im Benediktinerkloster Silos, hat die Proportionen ausgelotet. Da die Teilnehmer Christen waren, ist auch die Atmosphäre und Sprache dieses Buches christlich; sie soll aber auch für diejenigen Anregung bieten, die nicht in diese Religion eingebunden sind. Zur Entlastung möge die Tatsache dienen, dass ich schon ein Buch von tausend Seiten mit dem Titel *Die vedische Erfahrung* geschrieben habe, das demnächst in Spanisch, Französisch und Italienisch erscheinen wird und auch auf Deutsch zugänglich werden soll.

Wenn es darum geht, von der höchsten Erfahrung zu sprechen, enthält allein schon das Wort „Gott" eine bestimmte Tendenz – trotzdem muss man sich natürlich für einen Sprachgebrauch entscheiden. Wir dürfen uns aber nicht davor verschließen, dass die Gotteserfahrung trotz ihrer Vieldeutigkeit eine „Unmöglichkeit" ist.

Es gibt im genauen Wortsinn keine Erfahrung Gottes, zumindest im monotheistischen Verständnis. Sehr oft hat man Gott in unsere Kontingenz und Kreatürlichkeit eingesperrt – man wollte ihn begreifen.

Auch gibt es keine mögliche Erfahrung Gottes in sich. In Gott als der allumfassenden Wirklichkeit gibt es keinen Raum für einen Genitiv, weil er dem, was bereits ist, nichts hinzuzufügen hätte. Selbst das Verb „sein" ist ungeeignet.

Dessen ungeachtet ist dieser Ausdruck „Gott" ein Behelf, in der Tradition und in diesem Buch. Er ist zur Konvention geworden, wenn man sich auf das Höchste, Unendliche, Unbekannte, Unsagbare, auf das Geheimnis beziehen möchte. Aber es ist klar, die Wörter wirken jeweils im Kontext eines kulturell geprägten Verstehenshorizontes. Der Titel selbst, „Ikonen des Mysteriums", ist also ein Paradox, ein Paradox, das wir aufrechterhalten, weil die einzig mögliche Sprache die „oxymoronische"*, paradoxe Sprache ist. Auf diese Weise wird sowohl die Sprache als auch unsere Auffassung des Begriffes des Göttlichen selbst relativiert. Aber Relativität bedeutet nicht Relativismus.

Und gerade darauf weist das Buch hin.

Die erste Auflage ging von einer Bandaufzeichnung aus, die der Autor nicht bearbeiten konnte, doch wurde sie trotz der Irrtümer (für die der Autor nicht die Verantwortung übernimmt) so gut angenommen, dass ich diese korrigierte und erweiterte Neuauflage jetzt herausgebe. Ich danke denen, die mit ihrer Zähigkeit und Ungeduld dieses Buch möglich gemacht haben. Ohne sie hätte ich nicht den Mut zu diesem Buch gehabt.

Epiphanie 1997

---

* Ich erlaube mir eine einzige Ausnahme von dem Versprechen, diesem Buch keine Anmerkungen hinzuzufügen, und möchte an die Bedeutung des Begriffes *Oxymoron* erinnern, dessen Nichtbenutzung an sich schon beunruhigend und bezeichnend ist. Das Vergessen dieser rhetorischen

Ausdrucksweise verrät den Einfluss des einstimmigen Denkens und die Furcht der modernen Kultur einerseits vor der Polysemie, der Vieldeutigkeit, und andererseits vor der Ambivalenz, der Schwebe. Mehr noch, unser Vergessen weist uns auf die Entfremdung vom wahren Denken hin, das vom Grundsatz her vergleichend ist. Das heißt, wenn wir denken, versetzen wir uns in das Zünglein an der Waage, um die Dinge richtig „abzuwägen".

Das *Oxymoron* ist ein Wortspiel mit der Etymologie von *oxys* – scharf, spitz, durchdringend – und *moros* – stumpf, ohne Spitze und daher schwammig, träge, dumm, schwachsinnig usw.; es wäre demnach das Zugespitzte und Abgestumpfte, die eindringende Narrheit, der Stempel der Dummheit, die Spitze, die in das Schlaffe eindringt. Das *Oxymoron* harmonisiert zwei Tendenzen, die isoliert gegensätzlich sind, wie das berühmte „festina lente" (eile mit Weile) oder wahnsinnig schlau, schaurig schön. Das Paradox setzt zwei Meinungen *(doxai)* nebeneinander *(para)*, das *Oxymoron* lässt eine Vorstellung die andere durchdringen. Das Paradox konfrontiert uns mit dem Dualismus, das *Oxymoron* mit dem Nicht-Dualismus, dem *Advaita*. Der oxymoronische Denker lässt sich nicht *ad unum*, auf eins reduzieren, noch auf Einzigkeit, noch auf Einstimmigkeit; es wäre ein Widerspruch, und der Widerspruch kann nicht gedacht werden. Er hat mehr Ähnlichkeit mit der üblichen dreidimensionalen Sicht der Dinge, obwohl wir sie nicht strikt in den zweidimensionalen Plan des Verstandes einzeichnen können.

I
Das Gespräch über Gott

Die Erfahrung der Menschheit, wie sie durch unzählige Traditionen Ausdruck findet – sowohl mündlich als auch schriftlich –, hat das, was wir in unserem Sprachgebrauch unter „Gott" verstehen, mit vielen Namen benannt; sie hat Gott fast einzig als ein Symbol, als einen Namen aufgefasst, und nicht als Begriff.

Der Ursprung des Wortes „Deus", im Sanskrit *dyau* (Tag), bezieht sich auf Glanz, Licht, Göttlichkeit (wie griechisch *theos*). Das Licht ermöglicht es, den Tag zu sehen und sich des Lebens zu freuen. Es ist kein Zufall, dass die Sonne überall – auch im Christentum – als eines der göttlichen Symbole akzeptiert wird.

Es gibt eine Politik der Schlagwörter, und heute üben die Kommunikationsmedien einen beachtlichen Einfluss auf die Macht des Wortes aus. Es gibt viele Auffassungen über die Bedeutung des Wortes „Gott". Doch niemand hat das Monopol für den Sinngehalt. Mehr als einmal habe ich gedacht, ob es nicht heilsam wäre, ein Moratorium über diesen Namen zu verhängen. Da das nicht möglich ist, bedienen wir uns seiner ebenfalls und ziehen daraus besten Nutzen, da wir von der Weisheit unserer Vorfahren geprägt sind. Dieses kleine Buch ist weiter nichts als eine Meditation über den Sinn, den jenes viel verwendete und missbrauchte Wort noch haben könnte. Wenn einer der Leser eine Allergie gegenüber dem Namen hat, möchte ich ihn bitten, diesen zu ändern und mir, in welchem Fall auch immer, zu sagen, ob wir nicht doch die gleiche Sorge teilen.

In den neun folgenden Anregungen wird nicht beansprucht, etwas *über* Gott zu sagen. Es geht vielmehr darum, den Standort zu umschreiben, von dem aus das Gespräch über Gott Sinn haben und zu einem fruchtbaren Ergebnis führen kann, um ein erfülltes und freieres Leben zu führen. Die Frage nach Gott ist nicht vorrangig die Frage nach einem Wesen, sondern die Suche nach der Wirklichkeit. Wenn „die Frage nach Gott" nicht mehr die zentrale Frage des Daseins ist, dann ist sie nicht mehr die Frage nach Gott. Wir diskutieren nicht, ob jemand oder irgendetwas mit dieser und jener Eigenschaft *existiert*. Wir fragen nach dem Sinn des Lebens, nach dem Schicksal der Erde, nach der Notwendigkeit oder Nichtnotwendigkeit eines Fundaments; wir fragen ganz einfach, was nach der Ansicht von jedermann die letzte Frage ist oder warum es sie nicht gibt.

1 Man kann nicht über Gott sprechen ohne ein vorangehendes inneres Schweigen

Jede Disziplin geht von bestimmten Voraussetzungen des Verstehens aus, die es ihr ermöglichen, sich ihrem eigentlichen Gebiet anzunähern. Wie man zur Erforschung eines Elektrons hochspezialisierte Laboratorien und komplexe mathematische Überlegungen benötigt, so ist als geeignete Vorbereitung zum Gespräch über Gott die Reinheit des Herzens erforderlich, um die Stimme der (göttlichen) Transzendenz und der (menschlichen) Immanenz erlauschen zu können.

Ohne Reinheit des Herzens ist es auch nicht möglich, Gott zu „sehen", wenn es sich nicht gar als unmöglich erweist, einen Einblick zu erlangen, worum es überhaupt geht. Ohne das Schweigen des Intellekts und des Eigenwillens, ohne das Schweigen der Sinne, ohne die christliche Öffnung des so genannten „Dritten Auges" – von dem nicht nur die Tibeter, sondern auch die christlichen Theologen von St. Victor sprechen – ist es nicht möglich, sich dem Bannkreis der Bedeutung des Wortes „Gott" zu nähern. Nach Ansicht Richards von St. Victor gibt es dreierlei Augen: *oculus carnis, oculus rationis* und *oculus fidei,* das der Sinne, das der Vernunft und das des Glaubens. Das so genannte „Dritte Auge" ist das Organ mit der Fähigkeit, die uns von den übrigen Lebewesen unterscheidet und uns den Eintritt in eine Dimension der transzendenten Wirklichkeit erlaubt, wobei all das, was Intelligenz und Sinne erfassen können, nicht negiert wird.

2 Es ist ein Gespräch der besonderen Art

Das Gespräch über Gott unterscheidet sich radikal von jeglichem anderen Gespräch über jede andere Sache, weil Gott keine Sache ist. Andernfalls wäre er nur ein Idol.

Das Wort „Gott" weist auf ein semantisches Feld hin, das radikal verschieden ist von jeglichem anderen. Nehmen wir als Beispiel die Physik. Der Unterschied liegt nicht darin, dass Gott geheimnisvoll ist und die Physik nicht. Die Begriffe der Physik – Energie, Kraft, Masse, Zahl – sind ebenso geheimnisvoll, wie das Wort „Gott" uns scheinen mag. Jedoch verfügen wir in der Physik, obwohl wir sie nicht bis ins Letzte ergründen können, über Parameter, die uns in die Lage versetzen, Regelmäßigkeiten zu messen oder mögliche Gesetze über das Funktionieren der physikalischen Wirklichkeit abzuleiten. In der Rede von Gott ist diese Vorgehensweise nicht möglich. Es gibt keine geeigneten Parameter, die es uns erlauben würden, vom „Funktionieren" dieser Wirklichkeit zu sprechen, die wir „Gott" nennen.

Das Gespräch über Gott ist einzigartig und daher nicht gleichzusetzen mit den anderen menschlichen Sprechweisen. Es lässt sich auf keine andere menschliche Sprachgepflogenheit reduzieren.

3 Es ist ein Gespräch über unser ganzes Sein

Ein solches Gespräch handelt nicht nur über das Gefühl, den Verstand, den Körper, die Wissenschaft, die Soziologie, noch nicht einmal nur über die akademische Philosophie oder Theologie. Gott kann man mit keinem Instrument lokalisieren. Das Gespräch über Gott ist in keiner Weise eine elitäre Besonderheit.

Wir benötigen keine Mittler, um uns dem Mysterium Gottes zu öffnen. Es ist gewiss, dass wir von Gott sprechen, ihn empfinden, seiner bewusst sind mittels der Sprache, des Gefühls, des Bewusstseins. Das heißt aber nicht, dass wir einer besonderen Sprache, eines bestimmten Gefühls, eines spezifischen Bewusstseinsinhaltes bedürften. Der einzig mögliche Mittler ist unser Sein selbst, unser Dasein, allein zwischen Gott und dem Nichts.

Das von den christlichen Scholastikern vielzitierte und geschätzte *Buch der 24 Philosophen* sagt in seinem Lehrsatz 4: „*Deus est oppositio ad nihil mediatione entis.* – Gott steht dem Nichts gegenüber durch die Vermittlung des Seienden." Es gibt keinen anderen Mittler als uns selbst. Wir benötigen keinen Mittler, weil unsere letzte Wirklichkeit genau der Mittler ist. „Das Geschöpf ist die Vermittlung (mediatio) zwischen Gott und dem Nichts", schrieb Thomas von Aquin. Kurz gesagt: *esse est co-esse* (Sein ist Mit-Sein). Es gibt keinen absoluten Monismus.

Die menschliche Erfahrung hat zu allen Zeiten versucht, ein „Mysterium" auszudrücken, das sich sowohl am Anfang als auch am Ende all dessen befindet, was wir sind, und das sorgend alles umgreift. Wenn Gott „ist", befindet er sich weder rechts noch links, weder oben noch unten, in jeglichem denkbaren Sinn, den wir diesen Worten geben wollten. Der Anspruch, Gott auf eine bestimmte Seite zu ziehen, wäre Blasphemie.

4 Es ist kein Gespräch über eine Kirche, eine Religion oder einen Glauben

Gott ist nicht das Monopol irgendeiner menschlichen Tradition noch derer, die sich „Theisten" nennen oder als „Gläubige" bezeichnet werden, da ja jeder an etwas anderes glaubt. Ebensowenig ist Gott „Objekt" des Denkens. Jedes Gespräch, das ihn in eine Ideologie zwängen wollte, wäre sektiererisch.

Anders gesagt: Die Christen können im Namen Christi sprechen, die Buddhisten können sich auf Buddha berufen, die Marxisten auf Marx, die Demokraten auf die Freiheit, die Philosophen auf die Wahrheit, die Wissenschaftler auf die Genauigkeit, die Muslime auf Mohammed usw. Jede dieser Gruppen kann glauben, eine Überzeugung zu interpretieren, die von Gott oder von der Wirklichkeit selbst kommt – nennen wir sie Glaube, Beweis, Vernunft, gesunder Menschenverstand oder wie auch immer.

Wenn bei alledem aber der Name Gott eine Rolle zu spielen hat, muss dies ein Symbol anderer Größenordnung sein – ein Symbol, mit dem aus jeder menschlichen Tätigkeit der Korken des Absolutismus herausgezogen werden muss, ein Symbol, das die Zufälligkeit aller menschlichen Unternehmungen zur Geltung bringt und auf diese Weise jeden Totalitarismus unmöglich macht. *„Gott ist nicht außerweltlich, sondern absolut innerweltlich"*, sagte der bekannte spanische Denker Xavier Zubiri. Er ist dergestalt innerweltlich, dass man ihn nicht dualistisch trennen noch politisch vereinnahmen kann.

5 Es ist ein Gespräch, das immer durch irgendein Bekenntnis vermittelt wird

Man kann nicht anders als mittels der Sprache sprechen; man kann sich der Worte nicht bedienen, ohne irgendein Bekenntnis auszudrücken, aber das Gespräch über Gott darf sich niemals mit einem bestimmten Bekenntnis identifizieren. Zwischen dem Gott, von dem man spricht, und dem, was man über ihn sagt, herrscht ein transzendierendes, alles überschreitendes Verhältnis. Die westlichen Traditionen haben es *„Mysterion"* genannt, was weder Rätsel noch Unbekanntes heißt, vielmehr Geheimnis. Die Namen Gottes sind nicht unabhängig von Gott, und jede Beschreibung des Mysteriums stellt einen Aspekt dieses Mysteriums dar, von dem man nicht sagen kann, ob er einzig oder vielfach ist.

Jede Religion ist ein differenziertes System von Hilfsmitteln. Jede Sprache ist besonders und mit einer besonderen Kultur verbunden. Jede Sprache hängt ab vom konkreten Kontext, der ihr Sinn verleiht und sie gleichzeitig begrenzt. Es ist notwendig, dass wir uns der zugrunde liegenden Unzulänglichkeit jedes beliebigen Ausdrucks bewusst werden. Es darf uns nicht erschrecken, dass jede Religion ihre Formulierungen verteidigt, solange sie die der anderen respektiert und ihnen zugesteht, dass jede dieser Ausdrucksweisen eine vermittelnde Wirkung hat. Dies schließt nicht aus, dass man über die mehr oder weniger gelungene Anpassung der benutzten Begriffe diskutieren kann oder sogar muss, ohne jedoch zu vergessen, dass die Deutung jeglichen Textes die Kenntnis seines Kontexts und das Gespür für das ihm Vorangegangene erfordert.

So zeigen zum Beispiel die Beweise für die Existenz Gottes in der christlichen Scholastik nur denen die Nicht-Irrationalität der göttlichen Existenz, die schon an Gott glauben. Wie sonst könnten diese anerkennen, dass der Beweis „beweist", was sie suchen? Es ist klar, dass das Bewiesene vom Beweisenden kommt, und viel mehr über diesen sagt als über das „bewiesene" Geheimnis selbst.

6 Es ist ein Gespräch über ein Symbol, und nicht über einen Begriff

Gott kann nicht Objekt von Wissen noch von irgendeiner Form von Bekenntnis sein. Das Wort Gott ist ein Symbol, das sich auf seine eigene Art verbirgt und enthüllt. Das Symbol wirkt als solches, weil es symbolisiert, und nicht, weil es in einem eidetisch objektiven Sinne zu interpretieren wäre. Es gibt keine mögliche Hermeneutik, um das Symbol zu ergründen, weil es selbst seine eigene Hermeneutik enthält. Das Symbol ist Symbol, wenn es von sich her einleuchtet, das heißt, wenn man es als solches erkennt. Ein Symbol, das denjenigen, der es wahrnimmt, nicht sogleich anspricht, ist kein Symbol mehr. Man kann uns lehren, Symbole zu lesen, aber wenn wir das, was wir lesen, nicht unmittelbar verstehen, ist das Symbol wie ein leeres Wort.

Im Unterschied zu den Begriffen, die wenigstens die Absicht zeigen, eindeutig zu sein, sind die Symbole vieldeutig. Das Symbol ist eminent relativ; nicht im relativistischen Sinne, sondern in der Relationalität zwischen einem Subjekt und einem Objekt. Das Symbol wird betrachtet; es beansprucht weder universal noch objektiv zu sein. Es ist konkret und unmittelbar, das heißt ohne Mittler zwischen Subjekt und Objekt. Das Symbol ist ursprünglicher als die Unterscheidung von Subjekt und Objekt; es ist in seiner Grundeigenschaft eine Beziehung. Folglich symbolisiert das Symbol das in ihm Dargestellte, und keine weitere ‚Sache‘ dahinter.

Wenn die Sprache nur ein Instrument zur Bezeichnung von Objekten oder zum Weitergeben von Information wäre, wäre ein Gespräch, bei dem es um Gott geht, nicht möglich. Aber die Menschen sprechen nicht nur, um sich Nachrichten zu übermitteln, sondern weil sie durch ihre Grundveranlagung die Notwendigkeit haben zu sprechen; sie leben linguistisch als Teilhabende an der Fülle eines Universums, das gleichzeitig nicht trennbar ist vom Wort, dem *logos*.

7 Es ist ein vieldeutiges Gespräch, das noch nicht einmal analog sein kann

Das Gespräch über Gott hat grundsätzlich einen vielfältigen Sinngehalt; es kann kein absoluter Bezugspunkt außerhalb seiner *(primum analogatum)* bestehen, wenn man bedenkt, dass das Gespräch nicht von einer Esperantokultur ausgehen kann. Es gibt viele Begriffe von Gott, aber keiner davon „begreift" ihn. Ein Überbegriff oder ein begrifflicher gemeinsamer Nenner würde das Problem nicht lösen, weil damit gerade die gehaltvollsten und fruchtbarsten Divergenzen von der Bildfläche verschwänden und Gott in eine Abstraktion verwandelt würde. Gott ist keine Formel und keine Formulierung.

Man muss hinnehmen, dass es religiöse Traditionen gibt, die sich gegenseitig nicht aufrechnen lassen, und dass ein gemeinsamer Nenner in sich problematisch ist und gewiss kein Gott einer echten Tradition wäre. Gott ist einzigartig und somit unvergleichbar, und es geschieht dasselbe bei jeder Erfahrung mit ihm. Es gibt keinen neutralen gemeinsamen Vorraum, in dem man Vergleiche anstellen könnte.

Der Anspruch, Gott zu begrenzen, zu definieren, zu begreifen, ist ein widersprüchliches Unterfangen, weil das, was dabei herauskommt, eine Schöpfung des Verstandes ist, etwas Geschaffenes. Es ist ein fehlerhaftes Denken, etwas Weiteres, Umfassenderes als Gott finden zu wollen – wir müssen freilich Unschärfen in Kauf nehmen, wenn wir verschiedene Eigenschaften der Göttlichkeit vergleichen.

8 Gott ist nicht das einzige Symbol des Göttlichen

Der Pluralismus ist Ausdruck der condition humaine. Der Pluralismus verhindert, dass man von einer einzigen Perspektive und einem alleinigen Erkenntnisprinzip ausgeht, um zu sagen, was das Wort Gott bedeutet. Sogar das Wort „Gott" ist nicht notwendig.

Jeglicher Anspruch, das Symbol „Gott" auf das zu reduzieren, was wir darunter verstehen, würde die Bindungen zu jenen Menschen und Kulturen, die ein solches Symbol als unnötig empfinden, nicht nur schädigen, sondern sogar abtrennen. Allein der Anspruch, ein Einheitsschema der Verständlichkeit für die Allgemeinheit gelten zu lassen, ist ein Restbestand von kulturellem Kolonialismus. Die Universalisierung unserer Perspektive stellt eine ungerechtfertigte Extrapolation dar. Schon die Rede von einer „globalen Perspektive" ist ein Widerspruch in sich.

Ich bestreite nicht, dass Philosophen und Theologen die beiden vorstehenden Behauptungen relativieren können, aber vielleicht kämen wir leichter zu einer Lösung, wenn wir den gordischen Knoten einer universellen Theorie über Gott zerschnitten und das Göttliche als tiefste Dimension und den Pluralismus (nicht die Pluralität) als eine Grundeigenschaft der Wirklichkeit wiederentdeckten.

9 Es ist ein Gespräch, das einer Rückkehr zu einem erneuten Schweigen bedarf

Ein bloß transzendenter Gott würde in eine überflüssige und letztlich perverse Hypothese münden, die göttliche Immanenz trüben und die menschliche Transzendenz zerstören. Das göttliche Geheimnis ist unergründlich und unbeschreiblich.

Der menschlichen Erfahrung liegt die Tatsache zugrunde, dass sie um ihre Begrenztheit weiß – nicht nur linear (in Bezug auf die Zukunft), sondern auch in ihrer Konstitution (in Bezug auf das eigene Fundament, das ihr gegeben ist). Ohne Liebe und Verständnis, ohne Körperlichkeit und Zeitlichkeit ist diese Erfahrung nicht möglich. „Gott" ist das Wort, das für manche wohlklingend und für andere als Missklang die Stille des Seins durchdringt und uns die Gelegenheit gibt, es neu zu entdecken. Unsere *Existenz* erlaubt es uns, im Zeitlichen und Räumlichen zu verharren – kon*sistent* mit dem ganzen Universum, in dem wir ein erfülltes Leben haben, wenn wir auf der Suche bleiben, der Feigheit und der Frivolität widerstehen und gerade in jenem Mysterium ausharren, das viele Gott nennen, während andere es vorziehen, ihm keinen Namen zu geben. Das Schweigen ist das Gefäß, in dem alle wahrhaftigen Worte sich sammeln. Aus dem Urschweigen erhob sich das Wort, der *logos*, wie Irenäus schreibt. Im Schweigen verschmelzen Zeit und Ewigkeit.

II
Die Gotteserfahrung

1 Das Schweigen des Lebens –
„Apriori" der Erfahrung

Die Eigenart des *Dringlichen*, das uns unter Druck setzt,
hindert uns oft daran, uns dem *Wichtigen* zuzuwenden;
die Wahrnehmung des Dringlichen darf aber nicht auf
Kosten des Wichtigen gehen. Beides zusammen macht das
ganze Leben aus, das es behutsam zu balancieren gilt. Als
Behutsamkeit bezeichne ich die harmonische Verbindung
zwischen dem Dringlichen (Funktion der Zeit) und dem
Wichtigen (Funktion des Gewichtes). Die Kunst, die Dring-
lichkeit mit der Wichtigkeit zu kombinieren, ist einer der
Grundzüge der Weisheit, eine der Bedingungen, um gut zu
leben.

Vergäßen wir für einen Augenblick, dass wir Professo-
ren, Handlanger, Verwalter usw. sind, vergäßen wir, dass
wir Christen – und schließlich Menschen – sind, so würden wir Wegbereiter eines neuen Wirklichkeitsbewusst-
seins, dessen Wortführer wir sein können. Um dorthin zu
gelangen, bedarf es der Lösung von allen Eigenschaften,
die zwar gut zu unserer Persönlichkeit passen mögen, die
uns aber begrenzen und manchmal auch ersticken, wenn
wir uns mit ihnen identifizieren.

Das Schweigen des Lebens bedeutet nicht ein Leben des
Schweigens, das stille Leben der Mönche in der Einöde.

Das Leben im Schweigen ist wichtig und notwendig, um unsere Ziele zu erreichen, unsere Unternehmungen zu planen, zur Kultivierung unserer Beziehungen usw., doch es ist nicht das Schweigen des Lebens. Das Schweigen des Lebens ist die Kunst, die Betriebsamkeit des Lebens zum Schweigen zu bringen, um zur reinen Erfahrung des Lebens zu gelangen.

Es kommt oft vor, dass wir das Leben identifizieren mit den Tätigkeiten des Lebens und unser Sein mit unseren Gedanken, Gefühlen, Wünschen, unserem Wollen und all dem, was wir machen und haben. Wir instrumentalisieren unser Leben und vergessen ganz, dass es einen Sinn in sich selbst hat. Versunken und gefangen in den Geschäftigkeiten des Lebens, verlieren wir die Fähigkeit des Lauschens und entfremden uns von unserer eigenen Quelle: vom Schweigen, vom Nicht-Sein, von Gott.

Das Schweigen stellt sich in dem Augenblick ein, wenn wir uns zur Quelle des Seins selbst begeben: Die Quelle des Seins ist nicht das Sein, sie ist tiefer, anderswo, allem Sein zuvor; das Sein befindet sich bereits jenseits des Vorhangs. Dieser vorangehende Ort, dieser ursprüngliche Vorraum ist das Schweigen des Lebens. Das reine und nackte Leben ist das Geschenk, das uns gegeben wurde – und das, was wir in letzter Instanz sind. Um es in christlichen Worten auszudrücken: „Ich bin gekommen, damit sie das Leben haben und es in Fülle haben." (Joh 10, 10). Das Eintreten in das Schweigen ist keine Weltflucht, auch keine Spaltung zwischen dem Letzten und dem Vorletzten. Es bedeutet zu entdecken, dass das Wesentliche, das Letzte da ist, weil ich von der Relativität ausgehend davon spreche; und das Relative ist nur relativ oder besser relational, weil ich entdecke, dass eine Beziehung besteht, die es mir ermöglicht, im Schweigen, im Letztwirklichen schon zu sein.

Es geht nicht darum, ob die Vollzüge des Lebens wichtig bleiben. Ohne zu essen, kann man gewiss nicht leben; ebensowenig ohne zu denken, ohne zu fühlen, ohne zu lieben – ganz im Gegenteil. Vorher wurde schon auf das *Dritte Auge* hingewiesen, jenes Organ oder jene Fähigkeit, die uns eine Dimension der Wirklichkeit eröffnet, die das Wissen übersteigt, das wir über den Verstand und die Sinne erlangen können. Ohne ein Schweigen der Sinne und des Verstandes schwindet diese Fähigkeit, und das Leben in seiner Tiefe entzieht sich uns; die latente Verbundenheit mit der Welt entgleitet uns, die Teilhabe an der kosmischen Fülle – in Verbindung mit Göttern und Dämonen – entgeht uns unentdeckt. Dann geschieht es, dass unser Leben, seiner Quelle beraubt, arm, traurig, mittelmäßig wird. Um diesen Missstand zu beheben, nehmen wir Zuflucht zu allerhand Dingen, die es versüßen, die es bereichern, ihm einen Sinn, eine Offenbarung, eine Würde zuteil werden lassen sollen. Wir identifizieren uns mit dieser Vielzahl von Dingen; wir verausgaben uns in jener unaufhörlichen Tätigkeit. Dabei vergessen wir, dass die Lilien und die Vögel auf dem Felde (Mt 6, 26.28) Gott mehr Ehre bekunden als wir mit unserem Eifer, unseren Mühen und Plagen. Wir seufzen nach einem anderen Leben, wenn wir das wirkliche Leben nicht leben, und dazu bedarf es der Einwurzelung im Geheimnis jenseits des Alltäglichen. Jesus sprach damals vom ewigen Leben, das uns nun versprochen ist. „Wer das ewige Leben vergisst", sagte Simeon der Neue Theologe, „der wird das Leben hier und jetzt nicht leben können".

2 Dimensionen der Erfahrung

Die Erfahrung umfasst vier unterschiedliche Momente, die jedoch nicht trennbar sind:

1. *die reine Erfahrung*, Augenblick des unmittelbaren Erfahrens im Erleben;
2. *das Gedächtnis* jenes Moments, das uns ermöglicht, davon zu sprechen, das aber keine reine Erfahrung mehr ist, weil es ja durch die Erinnerung vermittelt wird. Das Gedächtnis lässt sich von der Erfahrung nicht trennen, aber beides darf nicht miteinander verwechselt werden;
3. *die Deutung*, die wir in jene Erfahrung hineinlegen, die uns dazu bringt, sie als schmerzlich, ergreifend, spirituell, liebevoll zu beschreiben – als Erfahrung von Sein, von Gott, von Schönheit usw. Die Deutung, die der Erfahrung gegeben wird, ist eng verbunden mit der Erfahrung selbst, mit dem Gedächtnis und natürlich mit unserer Sprache;
4. *die Akzeptanz in der Kulturwelt*, die wir nicht geschaffen haben, die uns gegeben worden ist und die der Erfahrung eine besondere Resonanz verleiht. Jede Erfahrung wohnt einem Kulturkreis inne, außerhalb dessen sie nicht in jedem Fall Gültigkeit hat.

Diese Vierdimensionalität der Erfahrung, die immer persönlich ist, kann vermittelt werden durch ‚Ansteckung' (Resonanz), Liebe, Sympathie, Belehrung oder andere Formen, die eine subjektive Teilhabe einschließen; aber sie kann nicht rein objektiv und begrifflich vermittelt werden, als sei sie eine formale Größe. Deshalb kann es keine universale Lehre und Synthese *(mathesis universalis)* aller menschlichen Erfahrungen geben und auch kein Esperanto der Interkulturalität.

Es sind in der Tat die großen Erfahrungen gewesen, die die verschiedenen Kulturen der Menschheit und ihre Geschichte gestaltet haben. Es steht fest, dass die Akzeptanz einer Erfahrung im Rahmen einer bestimmten Tradition der Deutung dieser Erfahrung Gestalt gibt. Die großen Traditionen sind im allgemeinen begründet auf außerordentlichen Erfahrungen, die oft als eine Offenbarung aufgefasst werden. Das Gedächtnis lässt die Deutung dieser Erfahrung fortbestehen und sich verbreiten – eine Deutung, die zugleich von der Kultur geformt ist, die sie angenommen hat.

Nehmen wir den Fall der *Erfahrung* Jesu als Beispiel. Das *Gedächtnis* der Betroffenheit, die die Erfahrung Jesu bei seinen Zeitgenossen auslöste und die in Urkunden aufgezeichnet wurde, gab Anlass zu der *Deutung*, die die Urgemeinden ihr gaben; die Akzeptanz all dessen kam durch die *Tradition* zustande. Diese empfangene, weitergegebene, veränderte und ergänzte Tradition gibt der christlichen Religion Form und stiftet Glauben aus einem Erfahrungsschatz, der eine ganze Kultur geschaffen hat. Der Vorgang ist sehr komplex: es handelt sich nicht nur um die Erfahrung Jesu, sondern auch um all jene anderen Erfahrungen (Christi nämlich), die die Christen nachträglich zu erleben glaubten. Hieraus ergibt sich, dass die lebendige Tradition mehr ist als eine bloße Exegese einer vergangenen Erfahrung – eine Tatsache, die eine gewisse Theologie vergessen zu haben scheint. Theologie ist keine Archäologie.

Es gibt keine Religion ohne Sprache, und die Sprache ist bereits Kultur. Die Religion gibt einer Kultur ihren tiefsten Gehalt, und die Kultur gibt der Religion ihre eigene Sprache. Die Beziehung zwischen Religion und Kultur ist also für beide Seiten formgebend. Es gilt demnach zu erkennen:

a) dass es keine Religion ohne Kultur gibt und keine Kultur ohne Religion;

b) dass die Gotteserfahrung nicht Monopol irgendeines religiösen Systems ist – ganz gleich, welchen Namen es sich auch geben mag –, nicht von einer Kirche und, im Grunde genommen, auch nicht von einer Kultur;

c) dass wir das Hilfsmittel einer Sprache benötigen und die Sprache schon ein kulturelles Phänomen ist. Folglich sind alle unsere begrifflichen Vorstellungen über Gott, wie auch unser Gedächtnis, unsere Deutung und die Akzeptanz, die wir der Erfahrung entgegenbringen, vermittelt durch eine Weltanschauung, durch ein Bekenntnis oder durch eine Religion. Man kann sie zwar nicht trennen, aber es gilt doch, sie zu unterscheiden. Ich habe dafür einmal folgende Formel vorgeschlagen:

$$E = e \cdot m \cdot i \cdot r$$

Das, was wir Erfahrung (E) nennen, ist eine Synthese der persönlichen, unaussprechlichen, jedesmal einzigartigen und daher nicht wiederholbaren Erfahrung (e), die transportiert wird von unserer Erinnerung, der Memoria (m), geformt durch unsere Interpretation (i) und unterstützt durch ihre Rezeption (r) im kulturellen Rahmen unserer Zeit.

Ich habe das Wort Synthese im chemischen Sinne benutzt, d. h.: E ist nicht gleich e + m + i + r, weil die Beschaffenheit der separaten Bestandteile verschieden ist von der nach ihrer Verbindung. Wasser ist ja nicht H + O, auch nicht $H_2 + O$, sondern H_2O, eine Zusammensetzung, in der die Elemente ihre getrennten Merkmale verloren haben.

Es trifft demnach zu, dass es zum Beispiel keine Bestätigung dafür gibt, ob die mystische Erfahrung e in allen

Religionen dieselbe ist, weil wir e nicht kennen, wenn es nicht in E ist.

In diesen Kontext muss man das Problem des Zusammenfließens verschiedener religiöser Traditionen einordnen. Man müsste zu dem gelangen, was ich „ökumenischen Ökumenismus" genannt habe. Eine der dringlichsten Aufgaben der heutigen Welt besteht darin, Brücken zwischen den Religionen zu bauen. Dies bedeutet nicht, dass man aus Liebe zur Toleranz und zum Ökumenismus das ganz Besondere und Eigene einer jeden Religion verwässern, sondern vielmehr, dass man es in vollständiger Integrität ausdrücken sollte.

Ich habe dieses Thema vom christlichen Standpunkt aus behandelt in einem Buch mit einem doppelsinnigen Titel *Der unbekannte Christus im Hinduismus:* Der unbekannte Christus des Hinduismus ist nicht der den Christen bekannte und den Hindus unbekannte Christus. Es gibt andere Aspekte des Mysteriums Christus, das die Hindus nicht unter diesem Namen kennen und das die Christen Christus benannt haben, auch in den Aspekten, die sie selbst nicht kennen. Die Formulierung der Johannes-Apokalypse, Christus sei „das Alpha und Omega", setzt voraus, dass Christus Alpha, Beta, Gamma, Delta usw. bis hin zum Omega ist: alles (vgl. Apk 1, 8; 22, 13). Dieses Alles ist in demselben Christus schon zu der Zeit, die selbst dem Abraham vorausgegangen ist. Die Christen kennen von ihm einen Namen, eine Funktion, doch die Gesamtheit seines geheimnisvollen Wirkens ist ihnen unbekannt. Das historische Phänomen Jesus ist ein Epiphänomen des Mysteriums Christus – was bedeutet, dass es weder real noch zentral ist. Für die abendländische Kultur ist das Historische die grundlegende Eigenschaft der Wirklichkeit; für einen großen Teil der östlichen Kultur aber hat das Historische nur die Qualität eines Epiphänomens.

3 Glaube, Glaubensakt und Bekenntnis

Um die Gotteserfahrung, die wir ins Auge fassen wollen, klar zu umreißen, sollte man unterscheiden zwischen Glaube, Glaubensakt und Bekenntnis.

Das Wort *Glaube* hat viele Auslegungen. Wir bekunden Glauben an irgendeine Sache, wir schenken ihr Glauben, wir handeln im guten Glauben usw. Wenn die Vieldeutigkeit des Substantivs noch überschaubar sein mag, so lässt seine Bedeutung sich doch in mindestens drei Verben ausdrücken: trauen, vertrauen, glauben. Die Überschrift dieses Kapitels ist im tiefsten philosophischen Sinne zu verstehen, im Zusammenhang mit unserem Nachdenken über Gott.

Der *Glaube* gehört existentiell zum Menschen. Jeder Mensch hat den Glauben aufgrund der Tatsache, dass er Mensch ist; das gilt auf dieselbe Weise wie jeder Mensch, weil er Mensch ist, sich des Verstandes und der Sinne bedient. Der eine kann einen schwerfälligeren Verstand haben und der andere einen schärferen; der eine wachere Gefühle und der andere unempfindlichere; auf ähnliche Art hat jeder Mensch Glauben, ob er diesen Glauben kultiviert oder ihn nicht pflegt, ob er sich des Glaubens in seinen Gedanken bewusst ist oder auch nicht.

Unter Glauben verstehe ich die Fähigkeit der Öffnung für irgendein *Mehr*; eine Fähigkeit, die uns weder über die Sinne noch von der Intelligenz gegeben wird. Diese Öffnung könnte man definieren als Öffnung zur Transzendenz. Mittels des Glaubens ist der Mensch fähig, sich selbst zu überschreiten, sich hinzugeben, sich einem Mehr zu öffnen; er ist fähig, einen Sprung zu machen, den weder die Sinne rechtfertigen noch der Verstand nahe legt.

Der Glaube hat seinen Sitz im Herzen, wie es das Wort „Credo" andeutet, das mit *cor* (Herz) zusammenhängt; dasselbe wird im Sanskrit mit dem Wort *shraddhā* (das Herz geben) gesagt. Der Glaube ist die Fähigkeit der Öffnung zum *Mehr* (dies wäre das einfachere Wort), zur *Transzendenz* (das wäre das mehr philosophische Wort), zu *Gott* (das wäre das mehr theologische Wort). „Empfänglich für Gott" *(capax Dei)* sagten die Scholastiker, um diese Fähigkeit für das Unendliche, für das Grenzenlose zu bezeichnen.

Die Trennung zwischen Gläubigen und Ungläubigen ist unhaltbar auch für die elementarste Logik. Es ist ein verharmlosender Euphemismus für die beleidigende Unterscheidung zwischen Getreuen und Untreuen. Auf diese Weise tritt die logische Inkonsequenz zutage. Diejenigen, welche an „A" glauben (das sie Gott nennen), ernennen sich in der Tat selbst zu Gläubigen, während diejenigen, welche nicht an „A" glauben, von ihnen als Ungläubige etikettiert werden. Es ist eine einseitige Trennung, die die an „B" Glaubenden als Ungläubige bezeichnet. Es ist nur eine Unterscheidung von Macht. Warum soll A das Kriterium der Teilung sein, und nicht B?

Die christliche Philosophie unterscheidet zwischen *credere in Deum* (Öffnung zum Mysterium), *credere Deo* (Vertrauen auf das, was ein höheres Wesen gesagt haben kann) und *credere Deum* (an Gottes Existenz glauben). Das Urvertrauen *(in Deum)* hat kein Objekt. Das Denken hat ein Objekt. Wenn der Glaube als solcher ein Objekt hätte, wäre er Ideologie, Frucht des Denkens. Gott ist nicht Objekt noch Wesen noch höheres Wesen; er ist nicht der Herrscher, der Befehlende. Er bleibt jenseits des sich mit ihm beschäftigenden Denkens. Ohne einen Sinn für Mystik verformen wir deshalb ungewollt und fast automatisch eine Reihe von Erfahrungen; wir verformen diese Erfahrung eines „Mehr", die jedem Menschen innewohnt. Voraussetzung ist, dass wir über Gott sprechen, und nicht über abrahamitischen Monotheismus, der ein besonderes Kapitel benötigen würde.

Der *Glaubensakt* ist jene Tat, durch die der Mensch seinen Glauben in Bewegung setzt; es ist der Akt, der aus dem Herzen jedes Menschen aufsteigt und durch den man in die dritte Dimension vorstößt, in der der Mensch vollends sich selbst findet. Der Glaubensakt ist heilbringend; wir diskutieren jetzt nicht, ob er die Erlösung ist. Der Glaubensakt ist kein automatischer Akt; es ist ein freier Akt, der uns nicht von der menschlichen Befindlichkeit entfernt, sondern dieser gerade erst die Fülle beschert.

Das *Bekenntnis* ist demgegenüber die Formulierung, der Ausdruck der Lehre – im Allgemeinen durch eine Gemeinschaft formuliert, die durch die Zeiten gegangen ist und dabei Vorschläge, Lehrsätze, Behauptungen und, in christlichen Begriffen, Dogmen herauskristallisiert hat. Das Bekenntnis ist der symbolische, mehr oder weniger kohärente Ausdruck des Glaubens, der sich oft in begrifflicher Formulierung darstellt.

Lehrmeinung und begriffliche Formgebung tragen zu einer Institutionalisierung bei. Oft hat die Institutionalisierung einen negativen Beigeschmack bekommen, und man hat sie als eine Hemmschwelle gerade für diejenige Erfahrung gesehen, die ihre eigentliche Grundlage gewesen ist. Die Religion ist vor allen Dingen eine dem Menschen innewohnende Erfahrungsdimension, und deshalb trägt sie ihn auch angesichts von Schwierigkeiten, die die Institutionen ihm bereiten können. Allerdings sind die Institutionen notwendig, weil der Mensch ein soziales Wesen ist.

Es mag wohl Anlässe zur Entrüstung bis hin zu Protest und Rebellion geben gegenüber bestimmten Institutionalismen und Missbräuchen von Macht. Wir müssen begreifen, dass diese Hindernisse einen Teil der menschlichen Befindlichkeit darstellen, die man im Mittelalter das *regnum dissimilitudinis* (das Reich der Unähnlichkeit) nannte, das nicht das Reich des Widerspruchs oder der Sünde ist, sondern der Unähnlichkeit (zum Göttlichen), der Disharmonie. Wir dürfen die Institutionen nicht als Unterschlupf betrachten, der uns vor Leid bewahren soll oder uns das Wagnis eigener Erfahrung abnehmen könnte, sondern als einen Ansporn, diese Erfahrung wachsen zu lassen, sie zu nähren und selbst zu entwickeln. Dies erfordert natürlich einen hohen Grad menschlicher Reife.

Wir müssen die Institutionalisierung als einen stets offenen Prozess verstehen. Wenn der Fortbestand von Fossilien bestimmter versteinerter Erfahrungen erstrebt wird, läuft das darauf hinaus, dass sie sich in Hemmnisse oder Hindernisse verwandeln. Die Institutionalisierung ist ein notwendiger menschlicher Prozess. Es ist wichtig, diese soziologische Dimension zu verstehen, dann aber auch darauf zu achten, dass die Bekundung einer Erfahrung sich nicht erschöpft oder in einer Struktur einkapselt – die dennoch notwendig ist, damit sie anderen den Zugang zur Erfahrung möglich machen kann. Die Zielsetzung der Institution ist es, jene Erfahrung transparent zu machen, die ihre Grundlage bildet. Aber die menschliche Erfahrung wird verkörpert durch einen Menschen, der einem ständigen Werden und Vergehen unterworfen ist. Deshalb muss die Institution sich anpassen, um Erfahrungen einleuchtend zu machen, die in einem dauernden Wandlungsprozess leben.

Das Bekenntnis, im Unterschied zum Glauben, kann sehr wohl verloren gehen. Man kann das Bekenntnis in einer bestimmten Formulierung verlieren. *„Actus fidei non terminatur ad enuntiabile, sed ad rem"*, sagt der heilige Thomas: „Der Glaubensakt hat sein Ziel nicht in der Aussage, sondern in der Wirklichkeit selbst." Die Dogmen sind Kanäle – Instrumente –, mittels deren wir auf das Mysterium hinweisen und verwiesen werden. Wenn es sich später herausstellt, dass die Konstellation sich ändert, oder wenn die Menschen unfähig sind, das Mysterium über diese Kanäle zu erfassen, gilt es, sie zu verändern. Der Finger des Buddha deutet auf den Mond und lässt uns ihn entdecken, sagt die buddhistische Tradition, aber wir sollen nicht verwundert in der Betrachtung des Fingers verharren – oder des Himmels, wie jene Männer von Galiläa nach der Auferstehung. Die Propheten – und Engel – sind notwendig, aber es ist nicht gut, sie anzubeten.

Zusammengefasst: Die Gotteserfahrung wird durch ein Bekenntnis vermittelt, aber das eine ist nicht mit dem anderen zu identifizieren.

4 Der dreifache Horizont, in dem das Göttliche erscheint

Wie aus vielen geschichtlichen Aufzeichnungen hervorgeht, ist das Göttliche wiederholt im Menschlichen aufgetaucht. Als Ganzes betrachtet, bleibt es jedoch ein menschliches Zeugnis. Daher wollen wir, statt des Versuchs, diese Herabkünfte des Göttlichen zu beschreiben, uns darauf beschränken, die Aufstiege des menschlichen Geistes zum Mysterium der Gottheit zu betrachten.

Erforderlich ist zunächst eine Überlegung über den vermittelnden Horizont, in dem wir uns bewegen, um das in uns aufzunehmen, wovon wir sprechen. Der Horizont wird uns von der jeweiligen Kultur gegeben, da ja die Kultur uns den Spielraum des Verständnisses anbietet, innerhalb dessen die Dinge und Ereignisse einen Sinn ergeben. Daher definieren wir die Kultur als den umgreifenden Mythos, der in einer bestimmten Zeit und einem bestimmten Raum herrscht.

Phänomenologisch gesprochen, scheint die Funktion der Gottheit die zu sein, einen letztgültigen Bezugssinn darzustellen. Wir können diesen Sinn jenseits des Universums ansiedeln oder sogar in dessen Mittelpunkt, in den Tiefen des Menschen (Intellekt oder Herz) oder einfach im Nirgendwo. Die Kosmologie, die Anthropologie und die Ontologie weisen uns auf die hauptsächlichen Horizonte hin, in denen das Göttliche erscheint.

a) Der Blick des Menschen war im Altertum vor allem, wenn auch nicht ausschließlich, auf die Welt gerichtet. Das Universum als Lebensraum stellte sein Hauptinteresse dar. Der Blick des Menschen richtete sich auf die Dinge des Himmels und der Erde. In diesem Horizont erschien die Gottheit, aber nicht einfach als eine Sache unter anderen, sondern als Herr, Beweggrund, Ursprung oder Prinzip. Ihr Platz ist *metakosmologisch*, „jenseits" der Welt.

Die Gottheit erscheint verbunden mit der Welt; sie ist die Gottheit der Welt, und die Welt wird zugleich als die Welt der Gottheit verstanden. Die vermutete Funktionsweise der Gottheit wie auch die Bindungen, die sie zur

Erde hat, wurden in verschiedenen Kosmologien zusammengetragen. Die Gottheit wird als ein Pol der Welt verstanden.

Wir könnten dasselbe aussagen, wenn wir uns einer vorwiegend zeitlichen Metapher bedienten. Die Gottheit befände sich am Anfang, vor dem Beginn aller Dinge, also vor dem *Big Bang*, am Punkt Alpha; oder sie wäre am Ende der gesamten Evolution des physischen Universums, am Punkt Omega; oder aber die Gottheit könnte beide Punkte zugleich umfassen – Alpha und Omega – Anfang und Ende des Universums.

Der am meisten verbreitete Name, der diesem göttlichen Wesen gegeben wurde, ist „Gott", erläutert durch einige seiner Eigenschaften: „Schöpfer des Himmels und der Erde" (Gen 1, 1 ff.), „Varuna, höchster Herr, Herrscher der Sphären" (Ṛg-Veda, I, 25, 20), der, „aus dem wahrhaftig alle Wesen hervorgegangen sind, durch den alle leben und zu dem alle zurückkehren" (Taittirīya Upaniṣad III), wie auch der *Pantokrator* (der Allherrscher) vieler Traditionen, sowohl des Westens als auch des Ostens. Schließlich gehört noch der *Deus otiosus* (der ruhende Gott) zu dieser Gruppe. Die Gottheit ist hier eine kosmologische Kategorie. Ihr Hauptmerkmal ist die Macht. Es ist der höchste Architekt, der mächtige Ingenieur . . .

b) Zu einem bestimmten Zeitpunkt der Geschichte war das Hauptinteresse des Menschen nicht mehr die Natur und die ihn umgebende Welt, es zentrierte sich vielmehr auf den Menschen selbst. Der Mensch lenkte den Blick auf seine Innerlichkeit: auf die Gefühle, den Verstand usw. Der Platz der Gottheit verlegte sich in den menschlichen Bereich. Ihr Platz ist nun *metaanthropologisch*, „jenseits" des Menschen.

Die Gottheit wird nun verstanden als das wirkliche Symbol, in dem das Ziel des Menschen liegt und seine Vollkommenheit ihren Höhepunkt findet. Diese Betrachtungsweise des Göttlichen ist nicht so sehr das Ergebnis einer Überlegung, die den Bereich des Kosmos ins Auge fasst, oder einer Erfahrung seines numinosen Charakters als vielmehr die Kulmination einer anthropologischen Selbsterkenntnis. Die Gottheit ist die Fülle des menschlichen Herzens, die wahre Bestimmung des Menschen, das Leitbild der Völker, geliebt von den Mystikern und Mystikerinnen, die vollständige Verwirklichung dessen, was wir wirklich sind. Die Gottheit braucht nicht anthropomorph zu sein, wenn sie auch einige Züge davon aufweisen kann. Hier ist die Gottheit *ātman-brahman*, der vollkommen vergöttlichte Mensch, Christus, puruṣa oder sogar das Symbol der Justitia, des Friedens, der perfekten Gesellschaft. Hierbei kann auch zwischen transzendent und immanent unterschieden werden, die Gottheit kann mit dem Menschen identifiziert oder von ihm getrennt werden, aber ihre Funktionen sind auf den Menschen bezogen. Es ist die lebendige Gottheit, liebend oder drohend, die inspiriert, sich sorgt, bestraft, belohnt, vergibt. Jede Wallfahrt endet bei dieser Gottheit, jede Entfernung wird überwunden, jede Sünde wird zunichte, jeder Gedanke wird besänftigt. Die Gottheit ist eine metaanthropologische Wirklichkeit.

Der herausragende Wesenszug dieses Horizontes ist die Freiheit. Der Mensch erprobt die Freiheit, aber auf begrenzte und manchmal schmerzliche Weise. Die Befreiung, ob sie nun als Erlösung oder etwas anderes verstanden wird, ist ein menschliches Ideal. Die Gottheit ist in sich selbst Freiheit und befreit den Menschen von der Sklaverei der Sünde oder des Unwissens. Die modernen

Theorien der Befreiung gehören zu dieser Gruppe. Es ist die Gottheit, die auf die Geschichte einwirkt.

c) Der Kulminationspunkt des Menschen ist sein Bewusstsein der Transzendenz. Das Denkvermögen macht aus dem *Homo sapiens* das höchste Wesen, das er zu sein glaubt. Hier wird der Platz der Gottheit der eines Super-Wesens sein. Sein Platz wird *metaontologisch* sein, „jenseits" des Seins.

Der Mensch ist von Stolz erfüllt über seine Fähigkeit, wahrzunehmen, dass er nicht alles begreifen kann. Die Gottheit wird hier nicht nur als außerhalb der physischen Welt verstanden, sondern auch als jenseits der Grenzen jeglichen natürlichen Bereichs, sei es der menschlichen Welt (Intellekt, Wünsche, Wille) oder irgendeines anderen. Wir können sie noch nicht einmal *natura naturans* (Ibn Rushd, Spinoza usw.) oder *ungenaturte Natur* (Eckhart) nennen, weil sie nicht *natura* ist. Die Transzendenz oder das Anderssein ist so absolut, dass sie sich selbst transzendiert und nicht transzendent genannt werden kann. Die Gottheit *ist* nicht; ihr *Sein* befindet sich jenseits des Seins. Ihr Platz ist metaontologisch. Dennoch *ist* sie nicht Nicht-Sein. Der Apophatismus, die alles übersteigende Verneinung, ist absolut. Die Gottheit ist nicht und existiert nicht; sie ist nicht denkbar und lässt sich nicht benennen. Das Schweigen ist unsere einzige Möglichkeit, nicht weil wir unfähig wären, von der Gottheit zu sprechen, sondern weil sie spezifisch aus Schweigen besteht. Dieses Schweigen verbirgt nicht, noch offenbart es. Die Gottheit ist Schweigen, da sie nichts sagt, weil es nichts zu sagen gibt. Ein möglicher Name für diese Gottheit wäre *nirvāṇa* oder Weder-Sein-Noch-Nicht-Sein. Ein anderer Name ist das *„mia pêgê theotêtos"* (einzige Quelle der

Gottheit) der Patristik, das vom 6. Konzil von Toledo (638) übernommen wurde, wo man sich einigte, den Vater *„fons et origo totius divinitatis"* (Quelle und Ursprung aller Gottheit) zu nennen. Die Gottheit wird hier als eine Wirklichkeit jenseits des Seins betrachtet. Sie zu denken, wäre Idolatrie.

Hier ist das Hauptkennzeichen die Wechselbeziehung zwischen Immanenz und Transzendenz. Eine Transzendenz ohne ihre zugehörige Immanenz wäre widersprüchlich und irrational. Eine reine Transzendenz könnte man noch nicht einmal erwähnen, ohne sie zu zerstören. Eine reine Immanenz aber, ohne jede Transzendenz, wäre ebenfalls tautologisch. Es kommt auf die unterschiedene Einheit beider an. Tatsächlich könnte man nicht einmal „A" sagen, da ja eine solche Behauptung, wenn sie verständlich sein soll, bedeutet, dass „A = A" ist, d. h., in der Verbindung wird das erste A auf das zweite projiziert, um seine Identität zu bestätigen. Mit anderen Worten, die wahre Identität ist eine Immanenz, die sich auf sich selbst hin transzendiert. Die Gottheit ist also diese ins Herz eines jeden Wesens eingeprägte Immanenz und Transzendenz. Ich bin göttlich in dem Maße, wie ich das bin, was ich *bin*; und ich bin nicht göttlich in dem Maße, wie ich *nicht* bin, was ich bin. All dies läuft darauf hinaus, dass kein Wesen absolut allein existiert. Das Sein ist Relation. Noch nicht einmal das Eine des Plotin ist eine Substanz.

Die drei Horizonte schließen einander nicht aus. Viele Denker zahlreicher Traditionen haben sich unter Einbeziehung der drei Ebenen dem Mysterium der Gottheit annähern können. So würde zum Beispiel *nirguna brahman* dem dritten Typus entsprechen, *saguna brahman* würde die erste Funktion erfüllen und *Īśvara* die zweite. Auf der anderen Seite würde die christliche Scholastik die Auffassung von Gott als Bewegungsprinzip (erste Funktion) kombinieren mit dem persönlichen Gott der Gläubigen (zweite Funktion) und dem Gott der Mystiker (dritte Funktion). Das Ganze ist eine Sammlung von philosophischen und theologischen Problemen, um deren Lösung die verschiedenen Traditionen auf verschiedenen Wegen bemüht sind.

Mit diesen drei Ansätzen hat die Menschheit im Verlauf der Geschichte ihre Absicht ausgedrückt, die Existenz eines „Mysteriums" zu umschreiben und zu erkennen, das über dem Zugriff des Denkens steht und dennoch im Menschen gegenwärtig ist und mitgeteilt sein will. Wir können das dem Verstand Unerreichbare nicht verstehen (das wäre ein Widerspruch), aber wir können uns dessen bewusst sein.

5 Fragmente im Umkreis der Gotteserfahrung

Alles, was man strikt rational über Gotteserfahrung sagen könnte, wäre Idolatrie. „Wenn du es begreifst, ist es nicht Gott", sagte Augustinus. Jede Theodizee und jede Apologetik hat einen Hang zur Blasphemie. Gott rechtfertigen zu wollen, ihn zu beweisen und letztlich zu verteidigen, bedeutet, uns als das Fundament Gottes selbst zu sehen. Aus der allumfassenden Wirklichkeit machen wir reduktiv nur das, was wir davon verstehen, und dies noch auf bloß rationale oder gar rationalistische Art. Es handelt sich um den Vorrang des Denkens vor dem Sein, der die westliche Philosophie seit Parmenides kennzeichnet.

Die *Gotteserfahrung* kann von keiner Religion und von keinem Denksystem monopolisiert werden. Die Gotteserfahrung im Sinne der letztgültigen Erfahrung ist nicht nur eine mögliche, sondern auch eine notwendige für jeden Menschen, der zur Erkenntnis seiner eigenen Identität gelangen möchte. Der Mensch wird dann vollständig zum Menschen, wenn er die Erfahrung seines letztgültigen ‚Fundaments' macht, dessen, was er wirklich ist.

Die *Gotteserfahrung* ist weder Erfahrung von etwas noch von jemand. Sowohl die christliche Tradition – von Dionysios Areopagita bis Thomas Merton – als auch die Mehrheit der religiösen Traditionen der Menschheit haben die Aussage gemacht, dass man über Gott nur weiß, dass man ihn nicht kennen kann. „Gesegnet, wer ins unendliche Nichtwissen eingegangen ist", sagte Evagrius Ponticus, eines der großen Genies der christlichen Welt. „Agnosie", „docta ignorantia", wissendes Nichtwissen – so lauten andere Formeln. Die *Kena Upaniṣad* führt uns zur gleichen Erkenntnis. Wenn wir ihn „Gott" nennen, geschieht dies, um nicht gänzlich mit den Traditionen zu brechen, die dieses Wort als Symbol dieses Mysteriums verwendet haben, aber es wäre wohl besser, darauf zu verzichten – wie wir eingangs gesagt haben.

Die *Gotteserfahrung* ist nicht die Erfahrung von etwas, „Gott" ist nicht ein Objekt zum Untersuchen. Es ist die Erfahrung des Nichts; aber das Nichts ist unaussprechlich. Es ist die Erfahrung, bei der man erfährt, dass die Erfahrung als solche die Quelle der Wirklichkeit nicht erschöpft. Es ist die Erfahrung der Leere, der Abwesenheit; die Erfahrung, durch die man sich bewusst wird, dass „irgendein Mehr" vorhanden ist, nicht im Maße von Menge, nicht im Sinne von etwas, das eintreten sollte, um das Maß voll zu machen, sondern von einer Leere ohne Boden, von einem Nicht-Sein, von einem „Mehr" sozusagen, das gerade erst die Erfahrung möglich macht.

Die *Gotteserfahrung* ist keine *spezielle* Erfahrung, erst recht keine spezialisierte. Wenn wir die Erfahrung Gottes machen wollen, wenn wir jede beliebige Erfahrung erzwingen wollen, ist es unvermeidlich, dass wir sie verbiegen, und dass sie uns entgleitet. Ohne jene Bindungen, die uns in die ganze Wirklichkeit einbeziehen, können wir keine Gotteserfahrung machen: essen, trinken, lieben, arbeiten, Gemeinsamkeit pflegen, guten Rat geben, einen falschen Schritt tun usw. – in alledem liegt die Gotteserfahrung gleichsam in Reichweite. Die Gotteserfahrung ist, ohne Erfahrung von etwas Bestimmtem zu sein, reine Erfahrung; weil die Kontingenz zutiefst Mit-Dasein und Mit-Leben ist, ist die Gotteserfahrung erst recht kein isoliertes Ich-bin, sondern ein Wir-sind. Als Christ sagt man dazu Trinität: göttliche Gemeinschaft, Dreiklang der Wirklichkeit.

Die *Gotteserfahrung* ist die Wurzel aller Erfahrung. Sie umfasst tiefgreifend alle menschlichen Erfahrungen: die des Freundes, des Wortes, des Gesprächs. Sie liegt der ganzen Menschheitserfahrung zugrunde: Leiden, Schönheit, Freude, Güte, Furcht, Kälte; sie liegt insofern jeder Erfahrung zugrunde, als sie uns eine Dimension des Unendlichen, Unvollendeten, Nicht-Abgeschlossenen eröffnet. Da sie jeder Erfahrung zugrunde liegt, kann sie aber durch keine Idee, keine Wahrnehmung oder Empfindung erschöpfend ausgedrückt werden.

Die *Gotteserfahrung* hat in christlichen Begriffen eine paradoxe Übereinstimmung mit der Erfahrung der Kontingenz; ein Wort, das an sich schon bedeutungsvoll ist (*cum tangere:* die Tangente berühren). Es bezieht sich auf die Erkenntnis der Tangentialität, das heißt: beim Berühren seiner eigenen Grenzen, wenn das Bewusstsein sich öffnet, wird es gewahr, dass es etwas anderes, ein „Jenseitiges" gibt, das sich den eigenen Grenzen entzieht, das jede Begrenzung transzendiert. Im Grunde ist diese Erfahrung so einfach, dass wir, wenn wir sie erklären wollen, sie komplizieren, sie verformen, und dann geschieht es, dass Vergleiche auftauchen. Diese Erfahrung entzieht sich jedoch jedem Vergleich, sie ist unvergleichlich.

Ich glaube, dass gerade in dieser Kontingenz und der Erkenntnis, die der Mensch daraus gewinnt, Gebet und Andacht einen Platz finden. Das lateinische Wort *deprecationes* für Gebete (aus der Not) ist verwandt mit dem Ausdruck prekär. Das Gebet erhebt sich also aus dem Bewusstsein unserer prekären Situation.

Es gibt zwei Arten des Gebets: den Lobpreis dessen, der verehrt, ebenso die Danksagung dessen, der sich gerettet fühlt, und im Unterschied hierzu den Schrei aus der menschlichen Not von dem, der unter Ungerechtigkeit und Schmerzen leidet. Beides ist notwendig und untrennbar: durch die Wandlung der Person, die sich durch das Dankgebet ausdrückt, erkennt der Mensch seinen prekären Zustand. Dies war das Erschrecken Luthers, die spannungsreiche Intuition des *„simul iustus et peccator"* – Gerechter und Sünder zugleich. Genau aus der Erkenntnis dieser Spannung empfängt Luther seine große religiöse Erfahrung, und so entdeckt er, dass die Aporie sich in Christus auflöst. Hier liegt die Wurzel; hier zeigt sich die menschliche Befindlichkeit, die condition humaine.

Diese prekäre und doch herrliche Befindlichkeit des Menschen ganz zu erkennen, bedeutet, dass alle unsere Wertvorstellungen durcheinander geraten. Gerade dieser Zusammenbruch unserer Schemata öffnet uns zur Freiheit, verhindert, dass wir uns an etwas klammern und dann aus unserer beengten Sicht heraus richten – „Richtet nicht!" (Mt 7, 1; Lk 6, 37). Hier beginnt die Befreiung und die Lebensfreude.

Die *Gotteserfahrung* als Urgrund aller Erfahrungen, die uns zu Menschen macht und uns unserer Kontingenz bewusst werden lässt, macht uns bescheiden und verständnisvoll. Durch diese Erfahrung nehmen wir wahr, dass wir in etwas eintreten, das allumfassend ist; wir werden einer doppelten Dimension von Präsenz und Abwesenheit bewusst, worin wir an einem *Mehr* teilhaben, auf das wir auf jeden Fall vertrauen können. Einige nennen es die Seinserfahrung, die sich in selbstloser Liebe zu den Wesen bekundet. Bei anderen Gelegenheiten habe ich davon als vom *kosmotheandrischen Vertrauen* gesprochen: von jenem Dreiklang der Wirklichkeit, in dem Gott, Welt und Mensch zusammenschwingen.

Andere sagen lieber, dass gerade durch die Berührung mit der Kontingenz das Andere, das Nichts, die Leere sich offenbart. Daraus wird verständlich, dass „alles Nichtigkeit" ist (Koh 1, 2): Windhauch, *vanitas*, Leere, *vacuus*, leer; wir müssen wahrnehmen, dass alles leer ist. „Die Schande der Vanitas verdeckt mit ihrem Ego die absolute Wirklichkeit", lautet ein Vers des Sufi Mohammed Sherin Tabrizi Maghrebi; dieser Meister fügt hinzu, dass sich in der *kenosis (fanâ)*, in dieser Leere des Ego das Fundament des Hauses der Einheit (Monotheismus) befindet.

Kennzeichnend für die Gotteserfahrung ist, dass sie – wie vorstehend schon gesagt wurde – keine spezialisierte Erfahrung sein kann: Sie verlangt *unser gesamtes und unser vollständiges Sein:*

– *unser gesamtes Sein:* Intelligenz, Wille, Gefühle, Körper, Vernunft;
– *unser vollständiges Sein:* nicht in Bruchstücken.

Wenn wir nicht ein integriertes Ganzes sind, geht unsere Erfahrung in die eine Richtung und unser Körper in eine andere; wenn die Gedanken uns nach hier ziehen und die Wünsche nach dort, bleibt unsere Gotteserfahrung so bruchstückhaft, dass sie aufhört, einfach Gotteserfahrung zu sein.

Unbedingt erforderlich für Gotteserfahrung ist das aufeinander abgestimmte Ganze unseres Seins. Die chinesische Weisheit sagt es mit einer einleuchtenden Metapher: Wenn der Gong gut geschmiedet ist, kann man ihn wo und wie auch immer anschlagen; er wird immer mit einem harmonischen, maßvollen Ton darauf reagieren. Genau so wie der Gong wird die Person, wenn sie gestimmt, „gut geschmiedet" ist, eine harmonische Schwingung abgeben, ganz gleich, welchen Schlag sie erhalten mag.

Wir müssen im Einklang sein mit uns selbst und mit dem Universum, um angemessen über das zu sprechen, worauf eine menschliche Erfahrung tatsächlich begründet ist. Jeder Diskurs, jede Theologie, denen diese Grundlage fehlt, sind nichts anderes als Zeitverschwendung – bloße Wiederholung dessen, was die anderen gesagt, was wir auswendig gelernt, was wir nicht als Wissen aus eigener Ernte erworben haben.

Hier zeigt sich ein Problem des Offenbarungsglaubens. Die Schwierigkeit der Offenbarung besteht nicht darin, dass Gott es ist, der offenbart, auch nicht in dem, was uns in der Offenbarung gesagt wird. „*Quidquid recipitur ad modum recipientis recipitur.* – Alles, was aufgenommen wird, wird nach der Weise des Aufnehmenden aufgenommen". Die Offenbarung geschieht in dem, der sie empfängt. Das Problem wurzelt im Empfänger, nicht im „Inhalt".

Die *Gotteserfahrung* ist nicht die Erfahrung des „Ich". Eines der herausragendsten Kennzeichen des 20. Jahrhunderts ist der Prozess der Psychologisierung der unterschiedlichsten Bereiche des menschlichen Lebens gewesen. Die religiöse Erfahrung ist ebenfalls von diesem Prozess beeinflusst worden. Die Psychoanalyse unterteilte die menschliche *psychê* in eine dreifache Struktur (Unbewusstes, Unterbewusstsein und Bewusstsein), wobei das Unbewusste ein bedeutendes Gewicht gewann.

Bezogen auf die Gotteserfahrung, fragten sich viele nach der Beziehung zwischen dieser Erfahrung und der des Selbst im tiefen Inneren, das mehr ist als Wille und Verstand. Die Gotteserfahrung ist offenbar mit dieser Erfahrung des Selbst verbunden, lässt sich aber nicht darauf reduzieren. Sie mit Kategorien der Selbsterfahrung zu interpretieren, ist ein hilfreicher Ansatz, um den Rationalismus zu überwinden und einen Zugang zu einer positiven existentiellen Erfahrung zu gewinnen: Weder ist das Leben auf das Bewusste reduziert, noch bin ich ein individualisiertes, vom Rest getrenntes „Ego". Darüber hinaus bestehe ich im Unbewussten und im Unterbewussten, und ich habe Anteil an den Archetypen der Menschheit, die mich aufschließen für das Mysterium.

Auf jeden Fall lässt die Gotteserfahrung sich nicht als ein reiner Psychologismus interpretieren, der auf den Archetypus oder auf das innere Selbst begrenzt wäre. Sie ist die Erfahrung der Seienden und des Seins an sich in seiner radikalsten Identität (Selbstheit). Die Erfahrung als solche übersteigt mich. Die Rollen kehren sich um. Ich bin nicht mehr das Subjekt der Erfahrung, sondern ich befinde mich in der Erfahrung selbst. Im Grunde ist es die mystische Erfahrung, die Erfahrung der Tiefe. Ich entdecke keine andere Sache oder andere Wesen; ich entdecke die Dimension der Tiefe, der Unendlichkeit, der Freiheit, die es in allem und in allen gibt. Dadurch verleiht die Gotteserfahrung, fast automatisch, Demut auf der einen Seite und Freiheit auf der anderen.

Nur wenn ich mich nicht an mein Ich klammere, gelange ich zu Gott. Das innere Selbst wandelt sich um, sozusagen in ein Du (in das Du Gottes, kann man hinzufügen). Wenn nicht, kann ich in einen zerstörerischen spirituellen Narzissmus verfallen. Daher ist das spirituelle Leben gefährlich, ambivalent, immer zweischneidig. Die Gotteserfahrung befreit mich von aller Furcht, einschließlich der Furcht vor dem Verlust meines Ich, vor der Negation meiner selbst. „Nicht ich lebe, sondern Christus lebt in mir" (Gal 2, 20): Mit diesen Worten drückt der heilige Paulus das Erlebnis aus, dass im tiefsten Inneren Christus ist, nicht *alter Christus*, sondern *ipse Christus* (nicht ein anderer, zweiter Christus, sondern Christus selbst). Man braucht die Vernichtung nicht zu fürchten. Die Furcht vor der Vernichtung ist der beste Beweis, dass dieses verängstigte „eigene Ich" nicht das wirkliche und echte „Du" ist. Das Du ruht vertrauensvoll im Selbst.

Bei dieser Beziehung zwischen der Gotteserfahrung und der Erfahrung des psychologischen Selbst können zwei Bemerkungen wichtig sein.

Die erste entspricht einer phänomenologischen Beschreibung Gottes, die sich besonders an die jungen Generationen richtet, die an diesen Themen kaum interessiert zu sein scheinen. *Gott ist es, der unsere Abgeschiedenheit durchbricht und dabei unsere Einsamkeit respektiert:* Er durchbricht deine Abgeschiedenheit, tritt in dich selbst ein, du bist nicht mehr abgesondert, und zugleich respektiert er deine Einsamkeit, die dir ermöglicht, du zu sein; du, und nicht das, was einige Ausweispapiere oder die Rolle als Schwester, Vater, Sohn, Freundin, religiöse Mitschwester oder irgendeine sonstige Rolle über dich aussagen mögen. Es ist die „beata solitudo" (die selige Einsamkeit), in der ich wirklich ich bin, weil Gott nicht das Wesen verkörpert, das darauf aus ist, mich zu zerpflücken, sondern derjenige ist, der es mir gestattet, in höchstem Maße ich selbst zu sein. Anders gesagt: wenn ich wirklich allein bin, finde ich Gott, nicht als Objekt, sondern – um es mit dem heiligen Augustinus zu sagen – *„interior intimo meo"*, als die vertrauteste Quelle meiner selbst, die Intimität, das Innerste, das ich wirklich bin, was gerade dasjenige ist, was mich zu den anderen hin öffnet.

Aus diesem Grunde beharren die traditionellen Ratschläge darauf, dass ich ohne Sammlung, ohne Rückzug in die Einsamkeit nicht ich selbst bin, nicht die Quelle meiner selbst berühre und letztlich weder mich selbst finde noch die anderen noch Gott. Nur wenn wir uns von den Masken unserer Rollen befreien, mit denen wir uns so oft als ein „Ich" definieren, können wir zur Mitte der Wirklichkeit vordringen und erreichen, wir selbst zu sein.

Die zweite Bemerkung führt uns zu jenem Text, mit dem Jahwe von Abraham verlangt, er solle sein Land, seine Verwandtschaft und sein Vaterhaus verlassen (Gen 12, 1). Dieses Aufgeben des eigenen Landes, des eigenen Hauses fordert die Ablösung von uns selbst, von unserer Persönlichkeit. Die Gotteserfahrung ist Wagnis, sie wirft die Kategorien unseres Denkens um; wir wissen nicht, wohin sie uns führt, wohin wir gehen und wie wir enden. Wir können nicht die Gotteserfahrung suchen und dann hoffen, sie sei mehr oder weniger vergleichbar mit irgendeiner anderen Sache, die wir je zuvor gesehen haben.

Andere Religionen haben auch diese Beziehung zwischen der Gotteserfahrung und dem Ich thematisiert – wenngleich sie davon Abstand nehmen, sie zu psychologisieren. Im Vedānta ist die Gotteserfahrung zum Beispiel eine Erfahrung des Ich, an das man mit der Frage herangeht: *„Was bin ich – ko'ham?"* Bei dem Versuch, diese Frage zu beantworten, beginne ich zu entdecken, dass ich ein Mysterium bin, dass ich nicht mein Körper bin, der sich verändert und vergeht, dass ich nicht das bin, was ich denke, dieses kleine psychologische *Ego*, das sich stets im Wandel befindet. Ich suche jenes Selbst, den letztgültigen Fokus aller Dinge, über den ich nichts sagen kann, solange es nicht aufhört, Subjekt zu sein, und sich zum Prädikat umwandelt. Komme ich zur Erfahrung des „ich bin", *aham brahman*, dann teile ich die einzige und letztgültige Erfahrung des einzigen Subjektes allen Geschehens – das natürlich nicht mein Ego ist.

Ich möchte diese Bruchstücke im Bereich der Gotteserfahrung zum Abschluss bringen mit einem Satz, der den Bruch beschreibt, den diese Erfahrung in den rein rationalen Schemata bewirkt: „Es ist gekannt von denen, die es nicht kennen, und ist nicht gekannt von denen, die es kennen" *(Kena Upaniṣad II, 3)*, was mit einem direkten Zitat von Gregor von Nyssa übersetzt werden könnte: „Jene, die [glauben, dass sie] Gott kennen, kennen ihn nicht, und jene, die ihn nicht kennen, kennen ihn." Erinnern wir uns auch an jenen *koan* Christi, der vom Gebet des Zöllners und des Pharisäers handelt. Wer sich im Recht glaubt, erhält keine Vergebung; dem, der sich als Sünder fühlt, wird verziehen (vgl. Lk 18, 9 ff.).

Der Satz der Kena, verbürgt durch die Gītā und viele andere Texte der verschiedensten Traditionen, gestattet uns eine letzte Randbemerkung: Wenn wir so weise sind, zu wissen, dass wir nicht wissen, sind wir sogar doppelt „gestraft", weil die Nichtwissenden es wissen und die Wissenden es zu wissen glauben, obwohl sie es nicht wissen, und folglich immerhin ihre Ruhe bewahren. Aber für uns Intellektuelle, die wir wissen, dass wir es nicht wissen, gibt es keinen Retter. Wir brauchen also eine neue Unschuld (innocentia). Die Dichter finden immer noch die bessere Ausdrucksmöglichkeit. Johannes vom Kreuz erinnert uns:

> *Este saber no sabiendo*
> *es de tal alto poder*
> *que sabios arguyendo*
> *jamás le pueden vencer;*
> *que no llega su saber*
> *a no entender entendiendo,*
> *toda ciencia transcendiendo.*

> *Dieses ungewusste Wissen*
> *ist von großer Kraft durchdrungen:*
> *die Argumente hat es allesamt zerrissen,*
> *niemals hat es ein Wissender bezwungen,*
> *der nicht vermag, verstehend zu verstehen*
> *und transzendierend alle Wissenschaft zu sehen.*

6 Über die Initiation

Nach dieser Skizze über die Gotteserfahrung taucht eine sehr legitime und für die technokratische Mentalität typische, wenngleich nicht auf sie begrenzte Frage auf: *Wie* gelangt man dorthin? Zu behaupten, dass jeder Mensch den Zugang zur Gotteserfahrung hat oder alle sie besitzen, wenn auch nur wenige es wissen, verlagert nur die Frage: *Wie* gelangt man dazu, es zu wissen? Oder braucht man das gar nicht? Vielleicht diejenigen nicht, die schon um sie „wissen"; vielleicht diejenigen doch, die sie suchen.

Wie dem auch sei, eines ist ganz sicher: Zu dieser Erfahrung gelangt man nicht durch die Kraft des Willens, wie die *Kena Upaniṣad* entschieden hervorhebt und der heilige Paulus bestätigt. Das *nirvāṇa* zu wünschen, disqualifiziert einen schon, es zu erreichen. Alles gehört einer anderen Größenordnung an – nämlich der der Gnade, würden viele Schulen sagen. Alles ist auf alles bezogen: *sarvam-sarvātmakam*, sagt der Śivaismus. Aber wir können nicht alles abhandeln – weniger noch alles auf einmal.

Hier beschränken wir uns auf einen einzigen Punkt. Es handelt sich um eine Eigenschaft, die in den meisten Traditionen der Menschheit präsent ist, die freilich ein wenig abwesend ist in der modernen Zeit mit ihrem metaphysischen Dualismus und ihrem anthropologischen Individualismus. Ich beziehe mich auf die sakramentale oder tantrische Vision des Universums – wohlgemerkt mit der Wiederherstellung der ursprünglichen Bedeutung beider Begriffe, ohne die vulgären Interpretationen und magischen Degenerationen. Unter sakramentaler Vision verstehe ich jene Anschauung des Kosmos, die die Wirklichkeit nicht in Materie und Geist spaltet und nicht die erste zugunsten der zweiten opfert (idealistische Spiritualitäten aller Schattierungen) noch die zweite auf dem Altar der ersten (empiristische Materialismen jeden Typs). Bei der tantrischen oder sakramentalen Vision ist das Wort in der Welt des Geistes wirksam, der Gedanke hat Einfluss auf die Materie, die Sinne sind spirituell, das Göttliche inkarniert sich, und das Menschliche lässt sich von Göttlichkeit durchdringen.

An diesem Punkt angekommen, wollen wir nur ein Beispiel heranziehen mit Bezug auf unsere Fragestellung.

Alle Traditionen sehen eine Vorbereitung auf die verschiedenen Lebensstadien vor, die intellektuell, sozial oder religiös sein kann. Ohne Glauben, sagen zum Beispiel der Vedānta und die Patristik, ist es nicht möglich, Theologie zu praktizieren; der Eintritt in die platonische Akademie forderte Kenntnisse der Geometrie; der Eintritt ins religiöse Leben verlangt ein Noviziat; das Erwachsensein beginnt mit dem Einsetzen des Verstandes und trifft zusammen mit der Enthüllung der Sexualität; die Annahme bei einem *guru* durchläuft ein vorbereitendes Zeremoniell; der Eintritt in einige Gemeinschaften erfordert die Beschneidung; das Ausüben der Medizin verlangt ein Diplom, das Priesteramt eine Weihe usw. Alle diese Traditionen glauben, dass die Wirklichkeit hierarchisch ist, das heißt, dass sie verschiedene Ebenen aufweist; sie glauben, dass die Wirklichkeit solidarisch ist, weil sie sich ja ‚solide‘ verwoben hat. Solidarität und Hierarchie sind zwei Voraussetzungen, die der Initiation Sinn geben. Sie bewirkt den Übergang von einer Ebene zur anderen (der sehr wohl von einem Bewusstseinsgrad zu einem anderen reichen kann) aufgrund einer „initiierenden" Handlung durch einen (im allgemeinen menschlichen) Initiator, der solidarisch hierzu befugt ist.

Die Initiation hat nur Sinn innerhalb einer hierarchischen und solidarischen Welt. Außerhalb ihrer Grenze degeneriert sie zum Aberglauben. Von Initiation zu sprechen in einer Welt, in der eine Mentalität vermeintlicher Gleichstellung und individualistischer Egozentrik herrscht, wäre ein Widerspruch oder ein Anachronismus.

In einer solidarischen Welt ist die Initiation möglich, weil sie wirkt, indem sie die *Ontonomie* (und nicht die Heteronomie oder Autonomie) aller Wesen vergegenwärtigt, also das Gesetz der Wirklichkeit in allen Dingen. Die Initiation versetzt weder etwas noch rückt sie etwas gerade, sie ist vielmehr eine Bekundung der Dynamik des Seins. Die initiatische Handlung eines Wesens über ein anderes ist möglich, weil die wahre Struktur der Wirklichkeit eine hierarchisch-solidarische ist, das heißt eine konstitutive Verbindung – *pratītyasamutpāda, karma, corpus Christi mysticum, umma* sind die Grundbegriffe dafür, die den vier großen Religionen entsprechen. Dies schließt nicht aus, dass Machtmissbrauch oder andere Ursachen naturwidrige Initiationen hervorbringen können und unmenschliches Verhalten annehmen.

In einer hierarchischen Welt – Hierarchie verstanden in ihrem etymologischen Sinne (heilige Ordnung) – ist die Initiation notwendig, weil der „Sprung" von einem Zustand zu einem anderen, von einem Grad zu einem anderen, von einer Ebene zu einer anderen nicht automatisch ist; es besteht die Notwendigkeit eines Zusammenwirkens zwischen einer ausgestreckten Hand und den Armen, die sich emporheben und an denen man sich festhalten kann.

Die Initiation ist in traditionalen Gesellschaften lebendig, die sich der solidarischen und hierarchischen Eigenschaft der Wirklichkeit bewusst sind und die berücksichtigen, dass der Weg, der zur Vollkommenheit führt, eine Reihe von Schritten erfordert, einen ‚Fort-Schritt' auf der Skala der Schöpfung. Somit ist eine konkrete Initiation der normale Weg, um zur Gotteserfahrung zu gelangen. Allerdings können auch außergewöhnliche Fakten – wie der Sturz von einem Pferd, eine Stimme, die aus einer Wolke spricht, oder ganz einfach ein persönlicher Schicksalsschlag – initiierende Faktoren sein. Das Normale ist jedoch die Initiation durch Menschen. Es obliegt den Eltern, den Lehrern, den größeren Geschwistern und – in unserer Zeit der familiären, pädagogischen und sozialen Krise – dem wahren Meister/der wahren Meisterin – den Mitmenschen in die Gotteserfahrung einzuweihen.

Hier ist es angebracht, auf die persönliche Verantwortung derer aufmerksam zu machen, von denen die Rede war. Man müsste diejenigen, die sich über die Verfinsterung Gottes beklagen, fragen, was sie selbst dazu beigetragen haben. Was haben sie z. B. ihren Kindern, Schülern, Nahestehenden oder einfach den Nächsten vermittelt von jener letzten Weisheit des Lebens, die wir die „Gotteserfahrung" genannt haben – trotz der Hindernisse, die eine entheiligte und individualistische Gesellschaft in den Weg stellen mag, und trotz des Sarkasmus, mit dem ein Jugendlicher im Augenblick auf den Segen eines Älteren reagieren mag, weil er nicht transparent genug war für das Licht, das er empfing. Ist es vielleicht nicht unser eigener lichtundurchlässiger Körper, der die Gottesfinsternis verursacht?

Wir haben das Thema der Initiation eingeleitet mit dem *Wie*. Es gab dafür einen Beweggrund, wenn er auch so unpopulär ist, wie es aus dem vorstehend Gesagten hervorgeht. Die Initiation ist persönlich. Es gibt weder allgemeine Rezepte noch vorgefertigte Medizin. Man muss die Meisterlösung finden – dann erst werden z. B. Ärzte wirklich zu Ärzten: nicht wenn sie die industriellen Pharmaprodukte kennen, sondern wenn sie das persönliche Heilmittel empfehlen können. Wie also führt man hin zur Gotteserfahrung? Wie übermittelt man das Empfinden für das Du? – so fragen z. B. die östlichen Meister. Nicht mit langen Grübeleien und nicht mit großen Härten, antworten die *Upaniṣaden*. „Kommt und seht", sagte der Meister von Nazaret. „Geht, es gibt keinen Weg", ist das Echo von Machado auf die Unterweisungen von Abhinavagupta, Johannes vom Kreuz und vielen anderen.

Die Initiation ist persönlich, wie wir gerade gesagt haben, und die Gotteserfahrung ebenfalls, wie schon am Anfang gesagt wurde. Es kann sein, dass viele Wege nach Rom führen, aber es gibt keine Straße, die zum Himmel führt. Sein Reich bekundet sich in den Mysterien, wie uns auch gesagt wurde. Mit einem Wort: Es gibt kein *Wie*, kein Rezept und keine Autobahnen zur Verwirklichung. Genau daraus ergibt sich der Auftrag des Meisters und die Funktion der Initiation. Die Initiation ist persönlich. Die Mutter sagt etwas zu ihrem heranwachsenden Sohn und etwas ganz anderes zu ihrer Tochter, wenn ihre Hochzeit bevorsteht; der Meister reicht dir seine Hand, um dir zu helfen, die persönlichen Wege begehbar zu machen, die recht unterschiedlich sein können; das Mantra ist geheim und persönlich (es ist keine Zauberformel – trotz der Gefahr, sich in eine solche zu verwandeln); das Wasser der Taufe soll den Körper und das Leben jedes Täuflings stärker läutern, als eine kollektive Feier es bewirken könnte.

Wenn die Gotteserfahrung dem hier gemachten Entwurf entsprechen soll, so ist sie auf keinem Markt erhältlich, auch wenn dieser sich Tempel nennen mag. Wir wissen ja bereits von einem, dessen „Tempelreinigung" die Welt veränderte – es ist um die zwanzig Jahrhunderte her.

Es ist die Aufgabe jeder Generation, diejenigen einzuweihen, die uns in der Gotteserfahrung folgen, die die Erfahrung des wahrhaftigen Lebens ist. Weder die Lektüre eines Buches noch das Radio, noch das Fernsehen, noch das Internet können den persönlichen Faktor ersetzen. Manchmal bewirkt eine Umarmung oder ein Blick mehr als ein Buch, und sie sind ein lebendigeres und lebhafteres Beispiel, ganz anders als ein Film, so erbaulich dieser auch sein mag.

Gestatten Sie mir einen kurzen theologischen Exkurs: Praktisch alle Traditionen sind zu der Überzeugung gelangt, dass der Mensch der Priester der Natur ist, der Mittler zwischen dem Himmel und der Erde. Der Mensch ist weder ein Gott noch ein reines Tier, er ist weder göttlich noch irdisch – weder Engel noch Bestie, sagte Pascal –, er besitzt nicht eine naturgegebene Beschaffenheit wie die Dinge, sondern er muss sich selbst seine Form geben, wie es schon Pico della Mirandola schriftlich niederlegte; der Mensch ist der König der Schöpfung (trotz der Missbräuche), wie es eine bestimmte jüdisch-christliche Exegese interpretierte; eine „dritte Welt zwischen Gott und dem Nichts", wie es eine gewisse Scholastik vertrat; kein gesondertes Wesen zwischen den Dingen und ihrem Schöpfer, wie die Griechen, die Inder und die Chinesen es erahnt haben; weder göttlich noch natürlich, lehren die Afrikaner; der Mensch ist kein ein für allemal fertiges Wesen, versichert die philosophische Betrachtung.

Der Mensch ist ein solidarisches Wesen. Damit der Mensch sein Leben vollständig verwirklichen, also wahrhaft Mensch werden kann, was nicht nur seine biologische Entwicklung betrifft, muss er in ein *solches* Leben von jemand eingeführt werden, der *nicht* er selbst ist. Niemand gibt sich selbst sein Leben. Niemand gibt sich selbst die Initiation.

Diese Initiation hat viele Grade und Ebenen. Der erste Grad ist die Befruchtung des Menschen selbst (ohne jetzt zu diskutieren, wann sie stattfindet); der zweite ist die Geburt. Aber mit alledem ist nicht mehr geschehen als das Schaffen der Voraussetzungen, wobei das Kind vollkommen passiv ist. Deshalb braucht es noch eine eigentliche Initiation. Die Initiation beginnt mit dem Schritt von der bloß physio-chemischen Biologie (bios) zum menschlich bewussten Leben (zōḗ).

Wir haben schon gesagt, dass der Mensch der Priester der Erde ist. Diese Priesterschaft oder Mittlerschaft zwischen den beiden Welten beginnt mit der ersten Initiation, die so viele verschiedene Namen hat, wie es Kulturen gibt. Mit der ersten Initiation erlebt das Kind eine Wiedergeburt (wie es beim Hinduismus der Fall ist), es integriert sich vollständig als Mitglied in das erwählte Volk (wie im Judentum), es wandelt sich völlig in einen Menschen als Sohn Gottes, als Christ und Christin (Christentum), als ein volles Mitglied der eigenen Gemeinde (Animismus) usw. Von hier an beginnt das tatsächlich menschliche Leben. Konfirmation, Hochzeit, Weihe und Krankensalbung sind weitere Initiationen innerhalb der christlichen Tradition, wenn sie auch in vielen Fällen ins Triviale abgleiten. Wir führen diese Beispiele an, weil bis vor sehr kurzer Zeit die Studien über die Initiation sich auf die Initiationsriten der sogenannten „Primitiven" beschränkten. Varro benennt in seinem *De rebus rusticis* (III, I, 5) die Mysterien mit dem Begriff *initia*. Es ist wohlbekannt, dass das entsprechende griechische Wort *(teletê)* soviel wie ‚Perfektion, Fülle' bedeutet.

Ohne uns in religionsgeschichtlichen Mäandern verlieren zu wollen, beschränken wir uns auf Folgendes: Ein Tier kann die Gotteserfahrung nicht in dem Sinne machen, den wir dem Begriff geben. Damit der Mensch diese Erfahrung machen kann, muss er die Vollständigkeit des Menschseins erreichen (in ihren Graden, die nicht streng abgestuft sind). Die Aussage: „Es ist nicht gut, dass der Mensch allein sei" (Gen 2, 18), besagt nicht nur, dass er Gesellschaft braucht (um das Brot zu teilen), sondern auch, dass er an einer horizontalen Gemeinschaft mit seinesgleichen teilhat und an einer weiteren vertikalen in beiden Richtungen, nach oben mit dem Göttlichen und nach unten mit den Erdkräften. Anders gesagt, die Gotteserfahrung wird in und mit der Gesamtheit der Wirklichkeit gemacht, in direkter Berührung mit den drei Welten – eine

Erfahrung, die von vielen Weisen als mystische Erweckung bezeichnet wurde.

In der vedantischen Spiritualität spricht man von *paramparā*, spezifischer von *guruparamparā*, das heißt, von „Tradition" und „spirituellem Stammbaum", wobei der Weg über die Initiation die konkrete Person mit dem Lehrmeister, der sie eingeweiht hat, verbindet, bis sie zum *ādinātha*, zu Gott, gelangt ist, ob er den Namen Śiva trägt oder einen anderen.

Christus bezieht sich dauernd auf diesen Initiationsweg, wenn er über seinen Vater spricht, zu dessen Sprachrohr er sich macht, dessen Bekundung er preist und von dem er seine Kraft erfleht. Die vordringlichste Funktion der Kirche aus dieser Perspektive ist es, diese Weitergabe, diese Initiation aufrechtzuerhalten, die sich durch Christus bis zum letzten Mysterium der Wirklichkeit fortsetzt. Hierin liegt die Bedeutung der Aussage, dass die Kirche „sacramentum mundi" (Sakrament der Welt) ist – was auf das ursprüngliche „kosmische Mysterium" zurückgeht. Der Rest besteht aus historischen oder bürokratischen Ausschmückungen. Wasser, Feuer, Erde und Heiliger Geist sind erforderlich und werden bei der Initiation der Taufe angesprochen; der katholische Geistliche, der mit der jüdischen Tradition bricht, da Jesus ja nicht zum Priesterstamm Levi gehörte, wird geweiht mit der Anrufung Melchisedeks, eines nicht-jüdischen Priesters, nicht von Jahwe, sondern des „Allerhöchsten".

Der Mensch ist durch sein Menschsein mehr als eine tierische Gattung, gerade wegen dieser Initiation; er ist *capax Dei*, offen, empfänglich und bedürftig fürs Göttliche, für Gott. Die Tiere machen nicht die Erfahrung Gottes.

Etwas Vorsicht wäre vielleicht angebracht in den Kreisen, wo die Initiation noch etwas bedeutet. Die Funktion des Eingeweihten ist nämlich eine doppelte. Auf der einen Seite muss er das lebendige Bewusstsein um seinen Guru, seinen Paten, seinen Bischof, seinen Mentor, seinen Lehrer wach halten, und gleichzeitig soll er die Tradition kreativ fortsetzen; man darf nicht blind seinem Meister folgen, wer es auch sei, und sich nur an ihn wenden, um in seiner Kraft Schutz zu suchen. Die Initiation ist keine Magie und erfordert die Freiheit des Eingeweihten. Es gibt keinen wahren Meister, der für sich die Macht beansprucht, die vom „Allerhöchsten" kommt. Die Kette der Meister wird initiiert im wahren göttlichen Mysterium.

7 Passive Haltung: Yin

Wir können aber noch etwas mehr über das *Wie* sagen – eng mit dem gerade Dargestellten verbunden. Indem wir bestätigen, dass es kein *Wie* gibt, verteidigen wir keineswegs den anarchischen Individualismus des *„cada maestrillo tiene su librillo"* (jedes Meisterlein hat sein Büchlein). An erster Stelle deshalb, weil der wirkliche Meister viele Bücher gelesen hat, wenn er auch keinem davon folgt. Die Mütter lernen nicht das Muttersein im Unterricht über Kinderhygiene und -psychologie (so nützlich dies auch sein mag), sondern indem sie das Kind gebären, ihm die Brust geben und mit ihm leben. An zweiter Stelle und hauptsächlich aus folgendem Grund:

Wie schon gesagt, kommt die Initiation von außen, sie ist eine Initiative der Transzendenz. Dies hat uns dazu veranlasst, unsere Verantwortung zu betonen. Die Initiative des Lebens kommt vom Leben. Niemand gibt sie sich selbst. Die Initiative jeder Initiation kommt vom Geist. Die Initiative der Initiation zur „Gotteserfahrung" kommt von Gott. *Pati divina,* sagen die Mystiker: den Einbruch der göttlichen Initiative erleiden. Dies zwingt uns, die passive Haltung gegenüber unserem Problem neu zu bewerten – ohne in gegenteilige Extreme oder in abwertendes Fehlverhalten zu verfallen.

Es ist also nicht unser Wissen, das uns zum Ziel hinführt; ebensowenig gelingt es, dass wir uns durch unsere Kraft des Wünschens und Suchens der Gotteserfahrung öffnen. Gott kann nicht die Antwort auf irgendeine Frage sein. Er würde sich verwandeln in ein Idol, ein Objekt, ein Konzept, eine Stellungnahme. Wenn Gott uns überlegen ist, muss die Initiative von ihm ausgehen. Huang Po wollte wahrscheinlich dasselbe sagen, als er behauptete: „Suche nicht die Wahrheit. Deine eigene Suche würde das zerstören, was du suchst." Er sagt uns, dass das *yang* (Maskulinum) das *yin* (Femininum) zerstören würde, dass Gott kein zu untersuchendes Objekt ist. Die Haltung gegenüber Gott ist, wie alle Mystiker wissen, zuerst stets passiv – sollte man sagen weiblich? Die Wahrheit selbst ist es, die uns sucht.

Eine der großen Sünden der Menschheit, in Jahrtausenden verwurzelt, ist das kulturelle Patriarchat, die oftmals despotische und fast immer einseitige Beherrschung eines Teils des Menschen. Das gefährdet zutiefst die wahre, die passive Haltung des Menschen vor dem Mysterium der Wirklichkeit – passiv heißt nicht quietistisch faul oder lethargisch. Ein Beispiel auf philosophischem Gebiet finden wir in dem Reduktionismus, der die Wirklichkeit mit dem Bereich identifiziert hat, den uns die Ontologie aufschließt; noch schlimmer ist, dass man die Ontologie als „Wort des Seins" auf eine rein rationale Interpretation der

Wirklichkeit reduziert hat mit dem Anspruch, sie zu beherrschen. All dies führte dazu, die Epistemologie (als Lehre vom Wissen) von der Ontologie (als Seinslehre) abzuspalten und diese neue Wissenschaft um jenes Wissen zu schmälern, so dass ich sie dann die „Epistemologie des Jägers und Eroberers" genannt habe; am Ende beschränken wir uns darauf, mit der Waffe des Verstandes vorzugehen, indem wir danach trachten, das Objekt ins Visier zu nehmen, einzufangen und dann zu begreifen. Dies ist eine maskuline Verstehenshaltung, die die Spiritualität ausschließt und sich bestimmt nicht auf Gott anwenden lässt. Es ist eine Art von Epistemologie, die uns glauben machen will, es sei möglich zu erkennen, ohne zu lieben.

Es gibt einige Textstellen im Lukasevangelium, auf deren Erwähnung ich mich beschränke und der Versuchung widerstehen möchte, sie zu kommentieren (Lk 1, 29. 34. 45; 2, 19.47-51). Darin lässt der Evangelist durchblicken, dass Maria, wie alle, recht wenig von dem verstanden hatte, was in Nazaret, Betlehem und Jerusalem geschah, aber dass sie „all diese Dinge im Herzen bewahrte". Das rationale Verstehen ist nicht das einzige Paradigma – und auch nicht das höchste!

Um zur Erfahrung des Göttlichen zu gelangen, muss der Mensch sich überraschen und befruchten lassen; es ist notwendig, die Epistemologie selbst umzukehren: „Ich kenne, weil ich erkannt werde, ich liebe, weil ich geliebt werde", sagen Johannes und Paulus (1 Joh 4, 10; Gal 2, 20). Diese Haltung, sich behüten und erkennen zu lassen und darauf eingestellt zu sein, dass die Erfahrung in uns selbst aufbricht, ist die in der Menschheit am weitesten verbreitete. Eine in ihrem tiefsten Sinne verstandene Erfahrung ist immer passiv; sie ist weder Projektion noch Objektivierung; daher nützt es recht wenig, sie herbeizuwünschen – das kann sich sogar als hinderlich erweisen. Die Erfahrung kann sich einstellen oder nicht; sie kann vermittelt werden oder direkt sein, sie kann einen plötzlich überkommen oder ein langer Prozess sein oder ein Umsturz. Wir können sie nicht auf unsere mentalen Schemata begrenzen.

Eine andere Weise, dasselbe auszudrücken, besteht darin, den Begriff „Gotteserfahrung" als einen subjektiven Genitiv und nicht als objektiven zu deuten. Das heißt, es handelt sich nicht um *meine* Erfahrung *über* Gott, sondern um die Erfahrung *von* Gott – in mir und durch mich –, deren ich mir bewusst bin. Gott bringt sich zur Erfahrung in mir. Der Sinn des subjektiven Genitivs bezieht sich auf die eigene Erfahrung Gottes, die in dem Maße, wie er sie mir zuteil werden lässt oder wie ich daran teilhabe, ein tieferes Zentrum meines Seins darstellt. Die Erfahrung *von* Gott bedeutet also nicht eine Erfahrung von mir, die mir bewusst würde. Spräche ich von „meiner Erfahrung", so hätte diese einen egozentrischen Beigeschmack – so als wäre es der Mensch, der Gott sucht wie ein Jäger seine Beute. Das ist letztlich eine Blasphemie; es geht vielmehr in reiner Absichtslosigkeit darum, dass Gott in *meine* Erfahrung eintreten solle und möge.

Ich verstehe meine Teilhabe an dieser Erfahrung als eine Kommunion, eine Kommunion zwischen Gott, der das Subjekt ist, und dieser Erfahrung *von* Gott, die in dem Maße *meine* ist, wie ich ihrer bewusst bin.

Die Gotteserfahrung als subjektiven Genitiv zu akzeptieren führt zur Einsicht, dass der Weg, dorthin zu gelangen, nicht im Suchen besteht, sondern darin, sich ungehindert finden zu lassen. Die Initiative hängt nicht von uns ab, wie eine kleine Geschichte von Huang Po uns veranschaulicht. Er sagt, dass ein nach Gott Dürstender, der göttliche Erfahrung sucht, in ein Tal hinauszieht, um zu büßen und zu meditieren; dort trifft er seine Vorbereitung, um sich zu reinigen. Aber er erreicht nichts und findet ganz und gar nichts. Daraufhin ruft er, schreit und fleht. Und er hört eine Stimme, die vom Gebirge her kommt. Er macht sich auf den Weg zum Gebirge, um jener Stimme zu lauschen. Aber sobald er ankommt, hört er nichts mehr. Er kehrt ins Tal zurück, und da er sich genarrt und betrogen fühlt, schreit er laut und brüllt aufs neue. Da hört er nochmals die Stimme. Also steigt er noch einmal hinauf, ohne jedoch etwas zu finden, nur Schweigen. Wieder geht er hinunter und hinauf, von oben wieder hinunter. Schließlich wird er still; er hört auf zu fragen, lässt das Suchen sein. Dann wird er gewahr, dass jene Stimme, die er hörte, die seines eigenen Echos war.

III
Christliche Gotteserfahrung

Der Titel dieses dritten Teils hat keinen bestimmten Artikel, weil wir nicht beanspruchen, die (einzige) Gotteserfahrung zu beschreiben. Es gibt viele Erfahrungen des göttlichen Mysteriums, die sich mit vollem Recht christlich nennen. Wir haben auch keinen unbestimmten Artikel hinzugefügt, weil es sich nicht um *eine* Erfahrung unter vielen möglichen handelt. Es gibt einen doppelten und schwerwiegenden Grund, mit der Grammatik auf diese Weise zu verfahren.

In erster Linie geht es darum, dass, wie bereits zuvor gesagt, „Gott" nicht der einzige Name ist, den die Menschen verwendet haben, um diese letztgültige Erfahrung zu symbolisieren. „Eine" bezeichnet eine unter verschiedenen möglichen. Doch hier wollen wir uns nicht auf eine (theologische) Version festlegen.

Der zweite und schwerwiegendere Grund ist der, dass das Zentrale für das Christentum nicht so sehr die Gotteserfahrung als die Erfahrung Christi ist – trotz der engen, vor allem historischen Verbindung zwischen dem einen und dem anderen. Aber wir wollen auch nicht in diesen (christologischen) Wald eindringen.

1 Drei Anschauungen der Beziehung von Gott und Welt

Um uns der Möglichkeit einer christlichen Gotteserfahrung anzunähern, wäre es angebracht, den Platz Gottes im menschlichen Bewusstsein zu lokalisieren. Zu Beginn ist zu unterstreichen, dass es sich hierbei nicht um Auffassungen der Göttlichkeit handelt, sondern um das konkretere Problem der Beziehung Gottes zur Welt, da ja in dieser Welt das christliche Faktum in Erscheinung tritt. Was ist diese Welt, die Gott so sehr geliebt hat (Joh 3, 16)? Schließlich fordert er uns doch dazu auf, diese nicht zu lieben (Joh 16, 33; 1 Joh 2, 15–16; 1 Joh 4, 4). Wenngleich diese Texte sich auf zwei Welten beziehen, ist der Christ doch entschieden in diese Welt hineingestellt: „in der Welt, nicht von der Welt". Die Menschheitsgeschichte zeigt, dass das menschliche Bewusstsein die Beziehung Gottes zu den Geschöpfen nach drei Hauptschemata verstand:

1. Die *dualistische Auffassung*, nach der Gott der „absolut Andere" ist. Zwischen dem Schöpfer und dem Geschöpf besteht eine unendliche Distanz, es gibt keine Verbindung bis zu dem Punkt, dass, sowohl im Vedânta als auch im Thomismus, die Beziehung Gottes zum Geschöpf nach menschlichem Fassungsvermögen als eine rein objektive „Vernunftbeziehung" betrachtet wird. Dieser Gott hat keinen Umgang mit dem Menschen, weil er unveränderlich, unendlich ist. Man hat eine Erfahrung Gottes als „eines Anderen", gerade weil er sich abtrennt vom „Ego" als dem Subjekt der Erfahrung.

2. Die *monistische Auffassung*, die in theologischen Begriffen der *Pantheismus* wäre. Alles ist Gott, und alle haben wir die Gotteserfahrung, weil wir alle die Erfahrung der Dinge haben. Es gibt keinen weiteren Gott als diese

natura, diese „allgebärende" Kraft in allen Dingen –
„Deus sive natura", sagt Spinoza –, in der die Beziehung
zwischen dem Schöpfer und dem Geschöpf auch „aus der
Vernunft" kommt, aber aus der umgekehrten Perspektive.
Hier besteht keine Unterscheidung, und zwar vom Ge-
sichtspunkt des Geschöpfs aus.

3. Die *nichtdualistische Auffassung (Advaita),* nach der
die Gottheit nicht vom Rest der Wirklichkeit getrennt ist,
sich aber auch nicht vollständig mit ihr identifiziert. Die
upaniṣad weisen zum Beispiel auf eine religiöse Haltung
hin, die sich weder auf den Monolog noch auf den Dialog
stützt, sondern auf die überrationale Erfahrung einer „Wirklichkeit", die uns auf gewisse Weise bis in ihr eigenes Innere „einatmet".

Ein großer Teil der Weisheit Asiens bietet dem Westen –
um es etwas vereinfacht auszudrücken – die nichtdualistische Auffassung der Wirklichkeit an. Diese Auffassung
kann uns Anregung sein für ein vollständigeres Bild der
Trinität.

Gott ist weder Identität (Monismus) noch das ganz Andere (Dualismus). Gott ist ein Pol der Wirklichkeit, ein ge-
staltgebender Pol; schweigend und daher an sich unsagbar,
der aber in uns spricht; transzendent, aber immanent in
der Welt; un-endlich, aber begrenzt in den Dingen. Dieser
Pol ist nichts in sich selbst. Er existiert nur in seiner Polarität im Bezug auf den Rest. Gott ist Verbindung, enge
innere Verbindung mit Allem.

Nachdem dies gesagt ist, muss hinzugefügt werden,
dass es unmöglich ist, überzeugend für oder gegen eine der
drei jahrtausendealten Optionen in der menschlichen Geschichte zu argumentieren. Keine davon könnte man ab-
lehnen, aber wir können sie doch mehr oder weniger überzeugend finden. Offensichtlich ist, dass der Verstand dort

nicht das letzte Wort haben kann, wo er sich durch die Tatsache, dass er selbst Teil der Wirklichkeit ist, selbst begrenzt. Im gegenteiligen Fall würde der Verstand sich selbst vergöttlichen. Wie die Dinge liegen, kann man auf den begrenzten Menschen als den deutenden nicht verzichten. Allen drei Optionen liegt die Absicht zugrunde, in sich kohärent zu sein. Hier hätten wir ein vernünftiges Argument für den Pluralismus. Es gibt letztgültige Optionen, über die weder der Verstand noch die Logik beschließen können. „Gott wird die Welt den Disputen der Menschen überlassen", sagt ein Text der lateinischen Bibel (Koh 3, 11).

2 Christliches Verständnis der Gottheit

Das christliche Faktum als solches bedeutet bereits eine Herausforderung sowohl an den Monismus als auch an den Dualismus. Die hauptsächlichen Dogmen des Christentums sind nichtdualistisch: Christus ist weder gänzlich Gott noch gänzlich Mensch; auch ist er nicht halb Gott oder halb Mensch. Das Verständnis der Gottheit Christi lässt sich nicht vereinbaren mit einem Gott als absolut „Anderer" und auch nicht mit einem Gott, der schon das Ganze ist. Weder der Monismus noch der Dualismus vertragen sich mit dem orthodoxen und traditionellen Verständnis der *Inkarnation*.

Auch die *Trinität* steht im Gegensatz zum Monismus und zum Dualismus. Wenn es einen alleinigen Gott gibt, ist die Trinität überflüssig oder ein einfacher Modalismus. Wenn es drei Götter gibt, ist die Trinität abwegig. Wenn Gott aber weder „einer" noch „drei" ist, was bedeutet dann die Trinität? Genau das: dass Gott weder einer noch drei ist, dass er sich nicht in Zahlenbegriffe einordnen lässt. „*Qui incipit numerare incipit errare*", sagte schon der heilige Augustinus: „Wer anfängt zu zählen, fängt an zu irren". Daher trifft es nicht genau zu, wenn man sagt, dass Gott aus drei Personen besteht. Der in der Trinität auf Vater, Sohn und Geist angewandte Begriff der *Person* ist nicht einstimmig (drei völlig übereinstimmende Personen wären drei Götter), aber er ist auch nicht analog. Der heilige Thomas sagte schon, dass es ein Zugeständnis an den gängigen Sprachgebrauch sei und die Trinität nichts besitze, das man „drei" nennen könnte. In der Tat ist es so: Wenn ich das Wort „Person" auf drei Personen anwende und die drei Personen sind einander nicht gleich (das wäre Tritheismus), würde dies bedeuten, dass sie analog wären; wären sie jedoch analog, so bedürfte es eines *primum analogatum* (eines obersten und ersten Vergleichspunktes), über oder vor den drei Personen, als Grundlage ihrer Analogie, das sich analog auf A, B und C anwenden ließe. Gibt es aber ein von den Analogaten A, B und C verschiedenes *primum analogatum*, dann bedeutet dies, dass es etwas über den drei Personen gibt und wir – von der Göttlichkeit ausgehend – sagen dürften, dass der Vater göttlich ist, der Sohn göttlich ist und der Heilige Geist göttlich ist. Die Göttlichkeit der Personen wäre eine bloße Teilhabe. Dies wäre also die von der Kirche verdammte berühmte *quaternitas* (Vierheit) oder *divinitas* (Gottheit) von Gilbert von Poitiers. Meister Eckhart mit seiner Rede von der Gottheit ging in dieselbe Falle. Beide waren tief in die Metaphysik der Eins eingetaucht.

Doch wir wissen von jeher und von fast überall her sehr gut, dass die Eins nicht nur eine Zahl, sondern auch das Symbol der Erkenntnisfähigkeit ist. So verstanden, birgt sie in sich die Herausforderung der Trinität und die Aufgabe des Nichtdualismus. Der Begriff der Person innerhalb der Trinität ist deshalb irreführend. Der Unterschied zwischen den „Personen" ist unendlich. Es gibt keine göttliche Wesensart außerhalb der Personen. Die Griechen ziehen daher den Begriff der *Hypostase* (Grundlage, tragender Grund) vor. Es sind also weder drei noch überhaupt Personen. Ebenso könnten Sonne, Wind oder Person ausgetauscht werden. Aber hier will ich meine Überzeugung nicht weiter ausführen, dass die einzige göttliche „Person" der Sohn ist. Wir haben schon angedeutet, dass die Trinität keine rein zufällige Modifikation des Monotheismus ist.

Die Eins ist keine bloße Zahl; sie schließt implizit vielmehr die Negation jeder Vielzahl ein; sie ist der Ausdruck der Einheit und damit der Sitz der Erkenntnisfähigkeit. Wenn man sagt, Gott ist nicht Eins, bedeutet dies also, dass der menschliche Verstand die Wirklichkeit nicht auf eins reduzieren kann, und gleichzeitig, dass die Wirklichkeit auf die Einheit verzichten kann. Wenn es im Monotheismus ein einziges, absolut allwissendes Wesen gibt, das die gesamte Wirklichkeit umfasst und in sich birgt, so ergibt sich in der Trinität aber nicht dasselbe. Unter den gegebenen Voraussetzungen kann es nicht darum gehen, hierin drei Götter zu sehen. Es besteht Nichtdualismus. Gott ist nicht einer allein, aber er ist auch nicht zwei oder irgendein Vielfaches. Nur wenn wir dabei bleiben, die Dualität zu verneinen, den Prozess nicht abzubrechen und bewusst darauf zu verzichten, alles verstehen zu wollen, nähern wir uns, im *neti neti* (weder das noch das) der mystischen verneinenden Rede von Gott, dem Mysterium der Trinität. Die Tradition nannte dies *Apophatismus:* Theologie wird als anbetende Rede verstanden, die über sich hinausweist in mystische Erfahrung und erfüllte Negativität.

Eine der größten Herausforderungen, die die Theologie des dritten Jahrtausends annehmen muss, ist die ernsthaftere Vertiefung in das Mysterium der Trinität. Was hat Trinität bis jetzt im spirituellen Leben der Mehrheit der Christen bedeutet? Nur mühsam weiß man sich ihre Bedeutung zu erklären, und folglich findet man für sie keine Verwendung im persönlichen Leben. Und dennoch ist die trinitarische Sicht der Wirklichkeit eine Konstante der Menschheit, die man, implizit oder explizit, praktisch in allen Kulturen vorfindet. Es hat eine gewisse elitäre und selbstzufriedene Konzeption der christlichen Trinität gegeben, die ihr von der Idee des christlichen Monopols aufgezwungen wurde. In der Konsequenz wurde sie dabei auf eine gedankliche Konstruktion reduziert.

Gott, Mensch und Welt sind weder eins noch zwei noch drei. Es gibt da keine drei Dinge und auch nicht eines für sich allein. Es gibt eine radikale Relativität bzw. Relationalität, eine nicht reduzierbare Bezogenheit zwischen der *Quelle* dessen, was *ist*, und ihrer eigenen sprudelnden Dynamik; Vater, Sohn und Geist; *Sat, Cit und Ananda*, das Göttliche, das Menschliche und das Kosmische; die Freiheit, das Bewusstsein, die Materie – oder wie immer man diese Triade beschreiben mag, aus der das Wirkliche sich zusammensetzt. Die Wirklichkeit ist trinitarisch, nicht dualistisch, weder eins noch zwei. Nur indem wir die Dualität verneinen *(a-dvaita)*, ohne in die Einheit zu verfallen, können wir uns bewusst der Wirklichkeit annähern.

Die Entdeckung des dreifaltigen Gottes, der nicht einfach identisch ist mit dem Gott der hebräischen Bibel, ist, ich wiederhole es, die große theologische Herausforderung des Christentums im dritten Jahrtausend.

Was immer der Grund gewesen sein mag, weshalb Jesus verurteilt wurde, es ist gewiss, dass er nicht wegen einer

Lappalie getötet wurde. Es war kein Streit oder Neid aus niedrigen Beweggründen. Für Israel war es eine Gewissensfrage, und nicht die Verkettung ungünstiger Umstände. Er wurde nicht verurteilt, weil er sich selbst als göttlich bezeichnet hatte – diese Idee der Vergöttlichung des Menschen war nicht so neu und nicht so skandalös –, sondern weil er sich selbst zum Sohn Gottes erklärt hatte, im trinitarischen Sinne, wie man diesen Begriff später interpretiert hat, und zwar Gott eingeboren, dem Vater gleich, aus ihm hervorgegangen. Mit anderen Worten, weil er sich dem Glauben des Volkes Israel – genauer: dem Glauben einiger jüdischer Gruppen – widersetzt hat, indem er sich als göttliche Ikone ausgab, ohne seine menschliche Befindlichkeit auszuschließen. Das Verbrechen Jesu bestand darin, es zu wagen, sich mit Jahwe, der Ikone Israels, in-eins zu sehen und sich als sein persönlicher Gesandter, sein Sohn zu verstehen. Wenn das „Volk Gottes" sich dem Gebot fügte, keine „anderen Götter" zu verehren, musste es mit um so größerer Berechtigung dem gewagten Anspruch entgegentreten, dass der Messias kein König *nach der Art* Davids sei, sondern die wirkliche Ikone der Göttlichkeit, das vollkommene Abbild Gottes, direkt durch ihn gezeugt. Der Bruch mit Israel wurde vollzogen in dem üblicherweise so benannten (ersten) Konzil von Jerusalem, als die Apostel die Kühnheit hatten, die Beschneidung, das „Ursakrament" des Judentums, abzuschaffen (Apg 15, 1 ff.).

Aber der Skandal der Trinität, der entsprechend der Theologie der ersten Jahrhunderte Jesus das Leben kostete, verwischte sich mit der Zeit. Einige ließen sich später auf fast unmerkliche Weise wieder zu jenem Legalismus hinreißen, dem Paulus so heftig entgegengetreten war. Die Trinität sagte dem christlichen Imperium nicht zu. Die Technokratie verband sich besser mit dem Monotheismus. Vom Standpunkt der Lehre aus wurde der aufs Mystische gerichtete Fortschritt der Annäherung an das trinitarische Geheimnis nicht hinreichend durch die Praxis untermauert und hatte eher geringen Einfluss auf das christliche Leben.

Der Monotheismus des orthodoxen Judentums tauchte in einer bestimmten Weise, das Christentum zu leben, wieder auf. Man identifizierte den Gott der hebräischen Bibel mit dem christlichen, und das Volk Israels wurde gleichgesetzt mit dem „Gottesvolk". Für viele verwandelte Jesus sich einfach in den Gott der Christen, und dies ist der Eindruck, der gegebenenfalls auf einen Hindu zutrifft, wenn er gelegentlich einer Predigt des Evangeliums zuhören kann: Für ihn sind die Christen ein Volk, das Gott im Namen und in Gestalt von Jesus verehrt.

Selbstverständlich hebt unsere Darstellung der christlichen Anschauung andere Betrachtungsweisen nicht auf und fällt über sie kein abwertendes Urteil. Es wäre eine Abschwächung des Mysteriums (über dessen Bezeichnung als „Gott" wir uns einig sind), wenn wir es nur auf ein einziges Merkmal beschränkten – zumal wir auch auf der Ebene der menschlichen Agora in der Lage wären, unsere Ansicht zu vertreten.

3 Die Unterscheidung von Christus und Jesus

Christus ist der christliche Parameter, um von Gott zu sprechen. Gott hat nach dem Glauben der Christen in der Geschichte ein einziges Wort gesprochen: Jesus Christus. Es ist ein Parameter, der uns vor zweitausend Jahren gegeben wurde und uns eine Sprache vermittelte, um über

Gott zu sprechen; dabei gilt natürlich, dass wir uns der kulturellen und historischen Bürde bewusst sind, die jeder Parameter trägt.

Zweitausend Jahre lang ist die christliche Sprache eine biblische Sprache gewesen, die hauptsächlich in einem hellenischen Kontext aufgenommen und gedeutet wurde. *Sprache* verstehe ich hier nicht im engen Sinne des Wortes, etwa als grammatikalische Struktur; es geht vielmehr um den ganzen Verstehenshorizont, der über die Sprache vermittelbar ist. Diese Sprache muss verstanden, weitergegeben und möglicherweise übersetzt werden. Es ist also eine dreifache Vermittlung, die es uns verbietet, irgendeine menschliche Behauptung als absolut zu betrachten.

Wir sagen „Gott", wie wir „Geschichte" sagen könnten, um ein Beispiel dessen zu geben, was die christliche Theologie *praeambula fidei* (Voraussetzungen des Glaubens) nennt. Nun haben andere Kulturen und Religionen aber andere Sprachen und ihre eigenen Auffassungen von der Wirklichkeit. Wir können diese Kulturen nicht in Frage stellen, ohne sie vorher zu kennen; wir können sie nicht verstehen, wenn unsere Voraussetzungen, unsere besonderen Perspektiven, die entsprechenden Voraussetzungen ausschließen, die Grundlage der anderen Kulturen sind. Das Interkulturelle erfordert eine besondere Methodologie, die praktisch noch zu erarbeiten ist.

Die christliche Tradition kommt gewiss von Jesus, und wenn Jesus nicht gewesen wäre, sprächen wir heute nicht in diesen Begriffen über diese Fragen. Aber wir dürfen Jesus nicht mit Christus verwechseln. Jesus ist Christus, und wer bekennt, dass Jesus der Christus ist, ist zweifelsfrei ein Christ. *In* und *durch* Christus befindet der Christ sich im Einklang mit allen Dingen, mit allen Wesen, mit allen Menschen. Christus ist der Eingeborene, Erstgeborene, das Haupt, Alpha und Omega, das Wort, *logos,* durch den alles geschaffen wurde und durch den alles erhalten wird, so wie es die christlichen Schriften verkünden. Wir sind so an die logisch-wissenschaftliche Denkweise gewöhnt, dass wir meinen, wenn A gleich B ist, ist auch B gleich A. Analog dazu wäre, wenn Jesus gleich Christus ist, auch Christus gleich Jesus. Aber so geht das nicht, weil weder Jesus noch Christus B ist. „Christus ist der auferstandene Jesus", wäre vielleicht die kürzeste Formulierung. Bei der Eucharistie vergegenwärtigt sich der wirkliche Christus, aber nicht die Proteine von Jesus, dem Sohn von Maria. Das Sakrament der Kommunion ist nicht ein Akt von Anthropophagie, von Menschenfresserei. Jesus ist historisch, und die Geschichte kann nicht aufgelöst werden. Christus ist transhistorisch, und wir können die Wirklichkeit nicht auf eine rein historische Ebene reduzieren.

4 Identifikation und Identität

Wenn wir das Thema der Erfahrung Jesu erörtern, ist es wichtig, zwischen Identifikation und Identität zu unterscheiden. Viele Christen begnügen sich damit, Jesus zu identifizieren: ein Mann, Sohn von Maria, der in Nazaret lebte, der, ans Kreuz genagelt, unter Pontius Pilatus starb, der auferstand und von dem wir eine Reihe von Anhaltspunkten kennen, die die Tradition uns zu seiner Identifizierung übermittelt hat. So wissen wir, von *wem* wir sprechen, aber wir wissen nicht wirklich, *wer* er ist. Die Identifikation Jesu von Nazaret, die uns in die Lage versetzt, ihn mit keiner anderen Person zu verwechseln, ist nicht dasselbe wie seine Identität, die es uns ermöglicht, ihn zu kennen.

Um die Identität einer Person zu kennen, bedarf es der Liebe, bedarf es des Glaubens, und es ist notwendig, dass man sie persönlich entdeckt, sich ihr öffnet. Nur in dieser Begegnung von Angesicht zu Angesicht, von Person zu Person, zwischen Liebendem und Geliebtem, lernt man den anderen in seiner Einzigartigkeit kennen, wobei der Erkannte den Erkennenden wandelt und der Erkennende den Erkannten. Dies ist das Mysterium der Identität der Person. Die Mutter z. B. kennt die *Identität* ihres Sohnes, auch und gerade dann, wenn sie in der Identifizierung durch eine Amtsperson wie verborgen erscheint; die unverwechselbare Identität einer Person ist etwas anderes als eine Identitätskarte!

Um die Identität Jesu von Nazaret zu kennen, muss man seine Person finden. Die Geschichte beschreibt uns nur zeitgebundene Persönlichkeiten. Aber wir können die Person nicht in der Vergangenheit finden. Von der Vergangenheit können wir eine Erinnerung haben, eine *anamnesis*, eine Vermutung – und gewiss eine schwache Vermutung, weil die historischen Paradigmen an sich schon schwach sind. Wir können an die Ereignisse von Betlehem und andere Tatsachen im Leben Jesu glauben, aber wir können nicht sagen, dass wir die Erfahrung von Betlehem, von der Inkarnation oder vom leeren Sarg hätten, weil wir nicht dort waren und es nicht sahen. Die Erfahrung ist keine Erinnerung; die Erfahrung ist ein Akt, der uns zustößt und der uns verändert, wenngleich er sich auf vergegenwärtigtes Gedächtnis stützen kann, sofern es sich um eine Erinnerung handelt, die von früheren Generationen übermittelt worden ist.

Wenn Christus nur historische Person ist, reduziert sich die Erfahrung des Christen auf das Erlebnis, das durch die Vergegenwärtigung seines Lebens zustande kommt, wie es im Gedächtnis wach gehalten wurde. Dann haben die Experten die höchste Autorität, und das Christentum reduziert sich auf die Religion eines Buches.

Aber die Erfahrung Jesu für einen Christen ist die Erfahrung des auferstandenen Jesus, das heißt des lebendigen Christus, hier und jetzt, gestern, heute und allezeit, um es wie der heilige Paulus zu sagen. Es ist keine historische, sondern eine transhistorische, persönliche und nicht übertragbare Erfahrung. Sie geschieht innerhalb der Zeit, ist aber nicht historisch, und so ist das, was diese Erfahrung ausmacht, so stark und zugleich so schwierig vermittelbar. Der Glaubensakt ist das, was diese Erfahrung des Unsagbaren auslöst, die für die Christen „in und durch Christus" verwirklicht wird. Aber wer die Erfahrung nicht gemacht hat, dass Christus ihn auferweckt – so sehr er sich auch Christ nennt und sich für orthodox hält (indem er *doxa*, Herrlichkeit, mit Glaubenslehre identifiziert) –, kann nicht mit den Samaritern sagen: „Nicht mehr aufgrund deiner Aussage glauben wir, sondern weil wir ihn selbst gehört haben und nun wissen . . ." (Joh 4, 42); er kann auch nicht den sinnenhaften Anfang des ersten Briefes des Johannes verstehen noch die Mehrzahl der Texte der christlichen Schriften – und noch weniger die der christlichen Tradition, besonders der Mystik. Das Christentum ist keine Religion des Buches, sondern eine Religion des Wortes – des lebendigen Wortes, das in seiner verwandelnden Kraft erlauscht und empfangen wird von denen, die „Ohren haben zu hören".

Die Apostelgeschichte und die Briefe des heiligen Paulus bezeugen die Krise des Universalismus, unter der die Kirche während des ersten und zweiten Jahrzehnts ihrer Geschichte litt. Können wir wirklich sagen, dass zwanzig Jahrhunderte danach die Kirche jene Anfangskrise des

Katholizismus vollkommen überwunden habe? Es ist aufschlussreich festzustellen, dass das erste Konzept des Katholischen *(kath'holon:* all-umfassend) eine Katholizität empfahl, die das ganze Leben umspannte, einschließlich des körperlichen, und die dem, der ihr folgte, alles anbot, was dazu erforderlich ist, zur Fülle und Erlösung zu gelangen (der heilige Augustinus übersetzte kath'holon noch mit „secundum totum, gemäß dem Ganzen"). Erst allmählich interpretierte man „kat-holisch" als geographische und kulturelle Kategorie im Einklang mit dem expansionistischen und kolonialisierenden Geist Europas. Hier würde uns die „Erkenntnissoziologie" vieles erhellen. Muss das Faktum Christi so wesenhaft in der Kulturgeschichte des Mittelmeerraumes verankert sein? Wir fragen hier nach der christlichen Identität.

Das Wort *Religion* ist vielschichtig, abgesehen davon, dass es problematisch ist. Wir könnten einige Unterscheidungen machen. Es gäbe aber zu viele, um erschöpfend auszusagen, dass die *Religion* (nämlich das, was den Menschen mit sich selbst, mit seinesgleichen, der Welt und dem Göttlichen verbindet) folgendes umfasse:

Religiosität:	menschliche Dimension, die es uns ermöglicht, uns der Transzendenz zu öffnen: Glaube;
Religion:	Zugehörigkeit zu einer bestimmten sozialen [kirchlichen] Gruppe, die zusammengewachsen ist durch ein mehr oder weniger offenes System von Überzeugungen: Buddhismus, Judentum, Marxismus . . .;

Religionswissenschaft: menschliche Reflexion über die grundlegenden Lebensauffassungen: Theologie, Philosophie, Wissenschaft . . .

Einerseits haben wir also eine als das *Christentum* bezeichnete und von allen anderen zu unterscheidende Religion. Zu ihr gehören bestimmte Dogmen und Lehren (Christlichkeit). Andererseits haben wir eine Anzahl von Erfahrungen (Liebe zu Gott und für den Nächsten, Wahrhaftigkeit, Treue, Bescheidenheit, Offenheit, Freiheit . . .), die von den Christen in christlichen Symbolen ausgedrückt werden und die man in anderen Kulturen mit anderen Symbolen ausdrückt. Diese christliche Religiosität nenne ich *Christenheit.* Sie ist nicht so sehr eine in soziologischem Sinne verstandene „Religion", sondern eher die christliche Erfahrungsweise der religiösen Dimension des Menschen.

Nach Konstantin formte das christliche Bewusstsein sich nach und nach zum Christentum: zu einem totalisierenden Religionsbegriff, der sowohl den politischen Bereich als auch den sozialen und historischen umfasste; dies bedeutet die gesamte Kultur (Kathedralen, Recht, Kreuzzüge, Inquisition, Imperien . . .). Während der Jahrhunderte der Renaissance löste sich das Selbstverständnis der christlichen Völker aus dem politischen und sozialen Monolithismus (als Christ konnte man nicht auf Seiten der Welfen oder Ghibellinen stehen oder bei den „Rechten" oder den „Linken"), und man konzentrierte sich auf das „Credo", vorzugsweise als Doktrin verstanden. Jenes „Christentum" hat bis in die Gegenwart überwogen. In unseren Tagen taucht mit verstärkter Kraft die erfahrungsbetonte (wenn man so will, mystische) Dimension des christlichen Lebens wieder auf, die wir „Christenheit" genannt haben. Da ist nicht mehr der rechtliche Aspekt (Christentum) und nicht mehr der doktrinale (Christlichkeit) das Wichtige und Entscheidende, sondern die persönlich gelebte Verbundenheit mit dem Mysterium Christi. Selbstverständlich geht es dabei um drei „kairologische" Momente des religiösen Bewusstseins – je zu ihrer Zeit –, die sich jedoch chronologisch – auf der Zeitachse – nicht isolieren lassen.

Wenn Israel lange Zeit (wie die Exegeten sagen) mit einer Art Stammestheologie lebte – es waren erst die Propheten, die Jahwe von einem Stammesgott in einen universalen Gott verwandelten –, so haben die Christen – zweitausend Jahre lang – eine Art Stammeschristologie gelebt. Heute besteht die große Herausforderung des dritten Jahrtausends darin, die Stammeschristologie durch eine Christophanie zu überschreiten, die es den Christen ermöglicht, das Wirken Christi überall zu erkennen, ohne den Anspruch auf Monopolisierung dieses Mysteriums zu erheben.

Dies bedeutet nicht, dass man alle als Christen zu betrachten habe, noch dass wir in einen pan-christischen Monismus Teilhard'scher Prägung verfallen sollen; es bedeutet vielmehr die Möglichkeit, dass das Bewusstsein des Menschen über das Göttliche nicht mehr in unvermittelbaren Abteilungen getrennt zu sein braucht. Es gibt eine mystische Kommunikation, die geeignet ist, viele Grenzen zu überschreiten. Auf rein doktrinärer, also intellektueller Ebene können die Systeme sich als unvereinbar erweisen, die Religionen können inkommensurabel sein; aber nicht vom Brot allein, sondern vom *logos*, vom erfahrenen Wort (Gottes), lebt der Mensch, ebenso vom Hei-

ligen Geist, der im Menschen und im Universum weht –
wo, wann und wie er will. Dies ist die Ebene der Erfahrung. Das Christentum ist nicht die universale Religion,
aber der Christ kann, auf seine Art, am letztgültigen Abenteuer des Universums teilhaben, in der (besonderen) Erfahrung und durch (den so benannten) Christus – was viele
andere Formen nicht ausschließt. Jede Religion kann auf
ihre Weise etwas Ähnliches ausdrücken – mit anderen
Symbolen und Namen. Der ökumenische Ökumenismus
bedeutet nicht Beschränkung jeder einzelnen Religion
darauf, nur einen Teil der großen Hochzeitstorte zwischen
Himmel und Erde zu verzehren – denn so bliebe jeder zu-
frieden in seinem Egoismus. Der Ökumenismus verzichtet
nicht auf das *totum*, das Ganze, das jede Religion konkret
verspricht, er ist sich jedoch bewusst, dass er das *totum in
parte*, das Ganze im Teil, im Fragment, lebt. Dies habe ich
den Effekt der *pars pro toto* genannt: der Teil für das Ganze,
das Ganze im Teil. Sowohl in meiner aufrichtigen Vereh-
rung des Totems aus frühester Vorzeit als auch in meiner
vollständigen Hingabe an die Suche der Wahrheit kann
ich mit der explosiven Lebenskraft der gesamten Wirklichkeit in Verbindung treten – aus dem Gesagten soll
deutlich werden, dass auch die am weitesten auseinander-
liegenden Metaphern überbrückbar sind.

5 Drei Texte über die christliche
   Gotteserfahrung

Vor dem Kommentar zu diesen drei Texten über die christliche Gotteserfahrung sei auf einen grundsätzlichen Aspekt hingewiesen, den wir vorstehend schon angedeutet
haben. Die christliche Erfahrung erwächst im Grunde aus

dem Ineinandergreifen zweier Traditionen: der semitischen und der griechischen. Wenn man spirituell nicht semitisch ist, fehlt einem die spezifische Resonanz des Namens Gottes, in dem das Christentum entstanden ist; wenn man hingegen vom Intellekt her gesehen nicht griechisch ist, fehlen die begrifflichen Hilfsmittel – Person, Natur, Kategorie, Sünde (Nikaia, Chalkedon . . .) –, die der christlichen Gotteserfahrung Gestalt gegeben haben. All diese Begriffe sind in einem konkreten geschichtlich-kulturellen Kontext geprägt und verstanden worden, und man kann sie nicht ohne weiteres aus dem Umfeld, in dem sie entstanden sind, extrapolieren oder verallgemeinern. Das Christentum hat mit diesen Kulturen eine Wesensverwandtschaft erworben, die von denjenigen Christen nicht geteilt wird, die anderen Kulturkreisen angehören und für die die abendländische Kultur etwas Fremdes ist. Daher besteht die bereits besprochene Notwendigkeit, keine konkrete Erfahrung als absolut zu betrachten und die Radikalität der „Gotteserfahrung" in das kulturelle und lebenswichtige Mauerwerk anderer Kontexte zu reinkarnieren – und umgekehrt, die Intuitionen anderer Traditionen in die „Gotteserfahrung" der westlichen Christenheit zu übertragen.

Man hat schon seit langem viel von der „Enthellenisierung" des Christentums gesprochen – mit allen möglichen Folgeproblemen. Denn man kann eine Tradition von zwei Jahrtausenden nicht einfach beiseite schieben. Man spricht weniger von einem noch schwerwiegenderen Problem: der „Enthebräisierung" der Mission Christi. Aber wir können auch nicht eine Tradition von fast vier Jahrtausenden hinwegfegen.

Um es mit einem einzigen Satz zu sagen, der (ich betone es) mit Adjektiven und Adverbien zu nuancieren wäre: Das jüdische Verständnis der Geschichte hat den christlichen Gott auf den Herrn der Geschichte eingegrenzt, und die seinsbezogene Auffassung des Hellenismus hat ihn auf den Herrn des Seins reduziert. Dies ist die tatsächliche Herausforderung der Christen Asiens in einer postkolonialen Periode. Kann der Vater von Jesus Christus sich vom Gott der Geschichte und vom Gott des Seins befreien? Wenn wir darauf eine Antwort geben wollen, müssten wir eigentlich mit Füßen aus Blei vorangehen, um nicht einer anderen Versuchung anheimzufallen, nämlich der, den Gott Jesu Christi in asiatische Gussformen einzukerkern. Hier stellt sich die Frage des Pluralismus in ihrer ganzen Schärfe. Andere Schriften von mir befreien mich davon, hier ausführlicher zu werden – was uns auch zu weit vom Thema dieses Buches entfernen würde.

Eine christliche Interpretation des christlichen Gottes – ohne den, den Jesus von Nazaret Vater nannte und dessen Exegese, dessen Auslegung er ist (Joh 1, 18) – kann mit Hilfe von drei Texten dargestellt werden:

a) „In ipso enim vivimus et movemur et sumus – Denn in ihm leben, bewegen wir uns und sind wir" (Apg 17, 28). Die drei Verben des Satzes beziehen sich auf drei Grundaspekte der christlichen Gotteserfahrung.

Das erste Verb, „wir leben", verweist uns auf die grundlegende Erfahrung Gottes als Leben. Zu sagen, dass wir in ihm leben, kann als eine räumliche Metapher aufgefasst werden, wobei Gott als eine Art von Atmosphäre zu verstehen ist, die uns einhüllt, oder als ein großes Meer, das uns umfängt. Diese Metapher kann uns irreführen, wenn es darum geht, die wahre Gotteserfahrung zu beschreiben, weil wir nicht in Gott leben wie ein Fisch im Wasser – wenngleich wir den Symbolgehalt der Aussage erkennen –, sondern wie ein Tropfen im Wasser. In Gott zu leben, die

Erfahrung Gottes zu haben, besteht darin, uns da selbst zu erkennen: wir leben in ihm, bei ihm und von ihm. Der Tropfen ist außerhalb des Wassers nicht mehr zu sehen, aber was er ist, ist Wasser und die Oberflächenspannung, die ihn begrenzt.

Das zweite Verb – „wir bewegen uns" – spricht zu uns von der Gotteserfahrung als Bewegung, als Energie, als Lebensprinzip. Es ist das Leben, verstanden als ein unaufhörlicher Dynamismus; es ist Gott, erlebt als eine unerschöpfliche Kraft in uns selbst. Wir „sind bewegt" durch ihn – und nicht nur durch seine Anziehung, als erster unbewegter Beweger des Aristoteles. Hier ist er derjenige, der uns in Bewegung versetzt. Gott ist wie ein leerer Raum, der es möglich macht, dass wir uns bewegen.

Schließlich drückt das „wir sind" unser Dasein wie auch unsere Befindlichkeit aus. Es reicht nicht aus zu sagen, dass wir unser Dasein haben, weil wir es von ihm bekommen haben. Wenn wir sagen „in Gott sind wir", beschränken wir uns nicht darauf zu behaupten, dass wir unser Dasein von Gott bekommen haben. Wenn wir „in Gott sind", sind wir im gleichen Maße, wie er ist – in dem Maße, wie wir an ihm teilhaben, werden einige präzisieren.

Dies Leben, diese Bewegung und dieses Sein meiner selbst in Gott ist die wahre Gotteserfahrung. Wir müssen uns darüber klar werden, dass die drei Verben uns dasselbe zu sagen haben, und zwar aus drei einander ergänzenden Perspektiven. Wer nicht diese Allgegenwärtigkeit, Untrennbarkeit und in letzter Konsequenz die Göttlichkeit seines eigenen Seins erlebt hat, kann wohl eine Meinung über Gott haben und sich letztlich davon eine erhabene Vorstellung machen, aber Gotteserfahrung hat er nicht. Der Mensch, jeder Mensch, ist ein Anteil, ein Bild, eine Statue, ein Mysterium Gottes.

b) *„Deum nemo vidit umquam – Niemand hat Gott je gesehen"* (Joh 1, 18). Dieser zweite Satz stuft den ersten ab und vervollständigt ihn. Niemand hat ihn gesehen, niemand hat Herrschaft über ihn erlangt. Das Sehen stellt eine der Grundmetaphern des menschlichen Denkens dar, insbesondere im Mittelmeerraum. Wenn z. B. Heidegger über die Metaphysik der Subjektivität spricht, die in Griechenland aufgetreten ist, nimmt er das Sehen als die dominierende Metapher, die dieser Art, die Wirklichkeit zu verstehen, zugrunde liegt. Das Sehen verlangt Objektivierung, Trennung, Kontrolle, Beherrschung durch den, der sieht. Im Sehen wird dieses Besitzstreben angeregt, das der Mensch über alles, was ihn umgibt, ausüben möchte. Sehr oft wird Gott als ein Auge dargestellt, das alles sieht. Hingegen hat aber niemand Gott gesehen, noch kann er ihn sehen noch ihn beherrschen oder kennen. Gott ist unerkennbar, unbeherrschbar, nicht reduzierbar auf ein Objekt, auf eine Erfahrung *von* etwas Bestimmtem. Gott können wir nicht kennen, wir können ihn nicht sehen; wir können uns seiner erfreuen, aber ihn nicht beherrschen. Der Apophatismus ist nicht ein Luxus der Mystiker. Gott fällt nicht unter die Kontrolle unseres Verstandes. Das Auge, mit dem wir ihn sehen, ist das gleiche Auge, mit dem er uns sieht, wiederholt Meister Eckhart.

c) *„Ut sit Deus omnia in omnibus – Damit Gott alles sei in allem"*(1 Kor 15, 28). Der Text drückt Endlichkeit aus, und dennoch Prozess. Der Zusammenhang des Satzes spricht vom Mysterium der Geschichte als von einem zeitlichen Prozess der *kenosis,* der Entäußerung, des Entwerdens, der Vergöttlichung (Phil 2, 7). Hieraus versteht sich die Deutung des heiligen Paulus (Röm 8, 22), wonach die gesamte Wirklichkeit in Geburtswehen liegt, um eine neue Schöpfung zutage zu bringen durch das ontische und ontologische Wirken des Sohnes Gottes, der ihm alles unterbreitet, bevor er sich selbst dem Vater ausliefert.

Im Prozess der Vergöttlichung muss man beide Elemente beachten, die in diesem Satz vorkommen: Alles und in Allem. Wenn Gott alles ist, verschwinden die Dinge. Wenn Gott alle Dinge ist, erhalten diese Dinge volle Gültigkeit, überwinden die individualistische Isolierung und werden zu dem, was sie eigentlich sind – manchmal auch, wenn sie sich nur auf dem Weg (zum Sein) befinden. Aber hier laufen wir Gefahr, dass Gott in einem amorphen Pantheismus verschwinden würde. Wenn Gott alles in allen Dingen ist, kehren wir wieder zur nichtdualistischen Weltanschauung zurück.

Das Universum befindet sich in jenem Dynamismus des *egressus* (Ausgang) und *regressus* (Heimkehr), von dem die Denker des Mittelalters sprachen – jedoch mit einem Unterschied. Die Vergöttlichung besteht nicht in einer einfachen Rückkehr zur Existenz eines statisch gedachten Vaters, wo der Vater immer nur Vater ist, das heißt Schöpfer. Der *regressus* ist etwas absolut Neues. Am Ende, in der Voll-Endung, ist alles neu, mehr, anders, ganz. Die Voll-Endung ist unendlich viel mehr als der Ausgang am Anfang. Denn dazwischen liegt das Geheimnis der Geschichte und ihr Reichtum. Es ist kein Ende, es ist eine Form des Seins, worin die ganze Wirklichkeit, *alle Dinge*, inbegriffen ist. Hier treten wir vollständig in das Mysterium der Zeit und der Geschichte ein. Die Vergöttlichung ist nicht nur das Endergebnis verstanden im Sinne eines Ausgehens vom und Rückkehrens zum Vater; es ist auch ein „Sich-Vergöttlichen" von allem und jedem Bestandteil der Wirklichkeit. Die Zeit, die Geschichte ist das Vehikel, das uns vereint und uns dann von der Göttlichkeit unterscheidet, die wir sind. Die Gotteserfahrung ist die Erfahrung gerade dieser Spannung, dieses von *egressio* und *regressio* ausgelösten Dynamismus, der die gesamte Wirklichkeit prägt – es ist die trinitarische Perichorese: das Ineinanderwohnen der vielgestaltig dreieinigen Wirklichkeit des lebendigen Gottes, Dreiklang der Wirklichkeit.

6 Die Erfahrung Jesu von Nazaret

Die eben erwähnten Texte aus der Heiligen Schrift des Christentums können uns einen Einblick geben in den Gottesbegriff jener privilegierten Zeugen vom Leben des Meisters, und nebenbei können sie uns etwas über die christliche Gotteserfahrung lehren. Es ist uns aber nicht verwehrt, einen weiteren Schritt zu tun und zu versuchen, uns in die eigene Erfahrung Jesu hineinzuversetzen, ausgehend von seinen persönlichen Aussagen – ohne strenge Unterscheidung, ob es seine *ipsissima verba*, seine eigenen Worte, waren oder ob sie nur teilweise die Gotteserfahrung widerspiegeln, die er gehabt haben muss. Unser Bestreben ist nicht so sehr die Erhellung, ob er sie wirklich gesagt hat oder nicht, wie das Aufspüren einer Resonanz in uns selbst, die uns bei der Vertiefung unserer eigenen Erfahrung unterstützen könnte. Wir finden dazu eine Bestätigung in der Tatsache, dass er sie so sagte, wie auch wir selbst sie nur stammeln können – immer in dem Bewusstsein, dass, wenn wir es wagen würden, sie auszusprechen (sei es auch mit zitternder und leiser Stimme), dies deshalb so ist, weil er sie sagte. Wir achten dabei auf jenen Lebenszyklus von Ausgang und Rückkehr – *egressus* und *regressus* –, der weiter oben schon erwähnt worden ist.

Auch hier wählen wir die Texte aus, in denen Jesus in der ersten Person spricht und die uns darüber hinaus ein Echo seiner trinitarischen Erfahrung erkennen lassen.*

a) „Ich und der Vater sind eins" (Joh 10, 30).
Diesen Satz kann man wörtlich als das nichtdualistische Bekenntnis zwischen Vater und Sohn verstehen. Es gibt eine Unterscheidung („ich und der Vater"), aber es gibt gleichzeitig eine innere Gemeinschaft, die die unbedingte Unzertrennlichkeit zwischen beiden bekundet („sind eins", nicht „eines"). Versteht man den Vater als die *„fons et origo totius divinitatis"* – Quelle und Ursprung aller Göttlichkeit –, dann bedeutet diese Einheit zwischen Vater und Sohn, dass wirklich „das Wasser fließt", dass das Leben Leben ist, weil es seinen Verlauf hat, dass der Vater nicht nur in dem Sinne Vater ist, dass er dem Sohn die Vaterschaft gewährt, sondern in dem Sinne, dass er der Zeugende ist und ihn fortdauernd zeugt. Wenn der Vater aufhört zu zeugen, hört er auf, Vater zu sein, und der Sohn verschwindet. Der Vater ist nur Vater und sonst nichts. In sich (wenn dieser Ausdruck Gültigkeit hätte) *ist* er nicht; er ‚*ist*' Nichts. Sein „in sich selbst Ruhendes" ist ein Ich, das dauernd zeugt, zu einem Du spricht, ohne andere Tätigkeit oder Funktion, könnte man sagen. So fasst es die ganze Tradition der ersten Jahrhunderte zusammen. Der biologische Anthropomorphismus kann uns freilich dazu verführen, im Wesen der göttlichen Vaterschaft an einen Zeitpunkt zu denken und an die radikale Trennung zwischen dem Vater und dem Sohn. Die intratrinitarischen Beziehungen sind aber dynamische Beziehungen in einem

* Die drei folgenden Texte sind in einem späteren Buch des Verfassers: *La plenitud del hombre. Una cristofanía [Die Fülle des Menschen. Eine Christophanie]*, Madrid 1999, ausführlich kommentiert worden.

fortwährenden Prozess: der Vater zeugt kontinuierlich, der Sohn wird kontinuierlich gezeugt, und der Heilige Geist ist die ständige Bekundung dieses Dynamismus. Genau an diesem Dynamismus, an diesem intratrinitarischen Vorgang sind wir aufgerufen teilzuhaben. Wir können uns nicht darauf beschränken, einfach nur Zuschauer zu sein. Jesus hat dieses radikale Einssein mit der Quelle, die ihm das Leben gibt, erfahren und gibt ihr den vertrauensvollen Namen *abba* (Papa).

Hierin wurzelt der Sinn der eucharistischen Gemeinschaft. Es ist klar, dass es einen einzigen Sohn gibt, Jesus Christus, aber jeder Christ ist dazu aufgefordert, durch die Eucharistie (nicht unbedingt durch die Kommunion) die Erfahrung zu machen, ganz ein Gleicher zu sein in dem Maße, wie er am Mysterium des Sohnes teilnimmt. Die Texte sind offenkundig (Joh 6, 35 ff.). Wenn man nicht erreicht, dass dies als eine Form praktischer Erfahrung gewürdigt wird, dann wird unsere Christlichkeit kaum mehr sein als eine mehr oder weniger interessante Indoktrinierung; wir werden dann die lebendige Verwurzelung verloren haben, die uns als Christen aufrechterhält.

Christus als Mediation (als Vermittlung) ist die Hauptsache bei dieser Gotteserfahrung. Der Mediator Christus ist nicht wirklich ein Vermittler. Eine gewisse politisch dominierende christliche Tradition hatte immer Furcht vor der Vergöttlichung, weil jede vorsätzliche Vergöttlichung abwegig ist. Vielleicht deshalb fürchten sich viele Christen, zur Erfahrung der nichtdualistischen Einheit gelangen zu können, das heißt der trinitarischen mit dem Vater, dem Ursprung und der Quelle des Seins. Andere Traditionen haben nicht diese Furcht; gelegentlich fehlt ihnen davon ein wenig. *Aham brahman* (ich [bin] *brahman*) könnte eine entsprechende *homöomorphe*, gleichgestaltete Erfahrung sein.

b) „Wer mich gesehen hat, hat den Vater gesehen" (Joh 14, 9). Dem Satz geht dieser andere voran: „Schon so lange bin ich bei euch, und du hast mich nicht erkannt, Philippus?" Wahrscheinlich leiden wir auch heute noch, zweitausend Jahre später, an derselben Verständnislosigkeit und suchen Gott außerhalb der Dinge, dort, wo er nicht ist. Jesus sagt uns, dass wer ihn gesehen hat, Jahwe nicht zu sehen braucht, weil er den Vater gesehen hat. Das Sehen des Vaters in Jesus bedeutet – und muss auch in uns bedeuten –, dass das wahre Wesen Jesu die *Transparenz* ist. Das Licht ist Licht, das heißt, es erleuchtet in dem Maße, wie es seinen Ursprung durchscheinen lässt. Wenn wir einen undurchsichtigen Körper dazwischenstellen, können wir das Licht nicht mehr sehen.

„Wer mich gesehen hat, hat den Vater gesehen." Wenn wir den Faden des weiter oben Gesagten wieder aufnehmen, so geht es darum, dass es keinen vom Sohn zu trennenden Vater gibt; der Vater als solcher ist Inbegriff seiner Vaterschaft und zeugt. Daher sehen wir nicht den Vater, sondern den von ihm Geschaffenen. Um es in einem Paradox auszudrücken: Der Vater opfert sich vollkommen auf, er gibt sich hin und geht auf im Sohn. In dem Maße, wie er dies bekundet und nach seinem Wesen handelt, *ist* der Vater wirklich der Sohn – und bleibt doch der Vater.

Welche Bedeutung kann für uns diese Transparenz Jesu und seine Vater-Sohn-Beziehung haben? Zunächst einmal wäre die totale Transparenz eine andere Art, das Sterben seiner selbst auszudrücken – ohne gleich auf das damit verbundene Dunkel der Selbstentzogenheit im Sterben einzugehen, auf den Druck der eigenen Ängste, Leiden und Freuden. Transparenz bedeutet Befreiung, bezogen auf die egoistische Individualität und die selbstsüchtige Aneignung des Lebens, das durch uns hindurchgeht. Die Transparenz ist das einzige, worauf es ankommt. Die Gotteserfahrung ist das, was uns transparent macht.

So können wir auch, ausgehend von der Transparenz, die lebendige Gotteserfahrung interpretieren. Von der Transparenz her können wir verstehen, dass Gott Erfahrung dessen ist, was man nicht sieht, Erfahrung von Nichts. Was ist es, das Gott transparent macht? An erster Stelle: die ganze Wirklichkeit. In dem Maße, wie wir an der Wirklichkeit teilhaben, entdecken wir den Vater als deren Quelle und Ursprung, den Sohn als ihre Fülle. An zweiter Stelle das Andere, das ganz Andere: der Gefährte, der Geliebte, der Vorgesetzte, der Untergebene, der Sohn, der Nachbar, der Unbekannte . . . Wer den Andern gesehen hat, hat den Vater gesehen. Dieser Lehrsatz lässt sich direkt auf das christliche Leben anwenden. Die Dinge müssen nicht um Christi willen getan werden, weil ein von den anderen Menschen getrennter Christus nichts ist. Christus macht sich in den anderen transparent. Daher kann unsere Erfahrung Christi nichts anderes sein als eine christliche Erfahrung der anderen: eine Erfahrung des Sichöffnens, der Zuwendung, der Hingabe, der Begegnung. „Ihr habt es mir getan" – ohne davon zu wissen (vgl. Mt 25, 31–46).

Als Umschreibung von Stellen des Evangeliums, die jeder kennt, könnten wir sagen: „Wer Christus sieht, sieht Gott; wer den Nächsten nicht liebt, liebt Christus nicht, wer Christus nicht liebt, liebt Gott nicht. Und wir sagen lieben, weil man ohne Liebe nichts sieht." „Wer den Dharma sieht, sieht mich" (Itivuttaka, 92), könnte man entsprechend in der buddhistischen Tradition sagen.

c) „Es ist gut für euch, dass ich fortgehe; denn wenn ich nicht fortgehe, wird der Heilige Geist nicht zu euch kommen" (Joh 16, 7).

Der erste Teil dieses Satzes ist kongruent mit dem ganzen Leben Jesu. Er flieht, wenn man ihn zum König machen will; er akzeptiert nicht, dass man ihn als gut bezeichnet; trotz seiner Einheit mit dem Vater weiß Jesus, dass dieser größer ist als er, dass sein Leben vergänglich ist; die Gotteserfahrung hat für ihn nichts mit der Unveränderlichkeit und Stabilität des Absoluten zu tun. „Es ist gut, dass ich fortgehe." Nichts von „wir schlagen drei Zelte auf" noch von „wir bleiben und betrachten den Himmel". „Sagt niemand, was ihr gesehen und gehört habt" (vgl. Mt. 17, 1–9). Das Unaussprechliche ist unaussprechlich. Vielleicht können wir es nur danach erklären. Die Gotteserfahrung lässt sich nicht objektivieren, sie ist ein konstanter Übergang, eine *pascha*. Um es auf ähnliche Weise mit einer philosophischen Formulierung auszudrücken: Das Sein ist primär ein Verb, und nicht ein Substantiv. Die Erfahrung des Seins besteht nicht darin, es einzusperren, es zu entwurzeln, es zu begreifen, sondern im Sein zu verharren – mit dem Sein. Die Gotteserfahrung ist kein Besitzergreifen, es ist das Gehen mit Gott, es ist ein ständiges Lassen (vgl. Joh 20, 17).

Der Wunsch, der uns sagen lässt: „Bleib doch bei uns" (Lk 24, 29), ist im Leben des Christen immer vorhanden. Und gerade in diesen Augenblicken geschieht es, dass Jesus verschwindet. Die Eucharistie ist nicht der Tabernakel, sondern der sakramentale Akt, in dem Christus erscheint und verschwindet – in uns. Es gibt einen buddhistischen Sinnspruch, der mit dem Gesagten völlig übereinstimmt, nämlich: „Wenn du den Buddha siehst, töte ihn." „Wenn du Christus findest, iss ihn." Die Bedeutung beider Texte ist einleuchtend: Dasselbe, was für uns ein Mittel zum Vorankommen war, kann sich durch unsere Absicht, es zu bewahren oder zu fundamentieren, in ein Hindernis oder

Hemmnis verwandeln, in ein Instrument der Mittelmäßigkeit, das uns davon abhalten könnte, in unserer Erfahrung als Christen und als Menschen voranzukommen. Wir müssen das Floß verlassen, sobald wir den Fluss bis zum anderen Ufer (des *samsāra*) überquert haben, lautet eine schöne Parabel des Buddha. Das Leben ist ein konstanter Dynamismus, wie die Erfahrung des Göttlichen die andauernde Vergöttlichung der Erfahrung des Wirklichen ist. Deshalb müssen wir ohne Kriterien bleiben, ohne feste Bezüge, ohne Sicherheiten aller Art. Nur von diesem Ausgangspunkt des „Verweilens ohne", der Entäußerung, können wir sensibel sein für die Transparenz des Göttlichen in jedem Menschen und in der ganzen Wirklichkeit, die uns umgibt. *„Tao k'o tao, fei ch'ang tao –* das *tao*, das man *tao* nennen könnte, ist nicht das wahre *tao"* wäre das gleichgestaltige, das homöomorphe Äquivalent im Religionsgespräch.

Der zweite Teil dieses Satzes spricht vom Heiligen Geist. Im Neuen Testament finden wir viele Hinweise auf den Heiligen Geist: der Geist der Wahrheit (Joh 15, 26), „der euch in die ganze Wahrheit führen wird" (Joh 16, 13), „er wird euch eingeben, was ihr sagen sollt" (Lk 12, 12); „denn nicht ihr werdet dann reden, sondern der Heilige Geist" (Mk 13, 11; Apg 11, 12–20), der von innen her weht: „Wisst ihr nicht, dass ihr Gottes Tempel seid und der Geist Gottes in euch wohnt?" (1 Kor 3, 16) usw. Ohne den Heiligen Geist gibt es kein wahres christliches Leben. Aber der Heilige Geist lässt sich von nichts gefangen nehmen: „Wo der Geist des Herrn wirkt, da ist Freiheit" (2 Kor 3, 17).

Die christliche Theologie leidet, besonders im Westen, seit mindestens fünfzehn Jahrhunderten an dem, was die ersten Christen *Subordinationismus* nannten, ein Irrweg, der aus der großen Herausforderung der hellenischen Geisteshaltung hervorging. Es geht dabei um die innertrinitarische Unterordnung des Heiligen Geistes gegenüber dem Sohn, also den Rang der dritten unter der zweiten Person. Die Göttlichkeit wird als *logos*, als Tat-Wort, verstanden. So charakterisiert erscheinen Vater und Sohn im Prolog des Johannes-Evangeliums. Als Folge daraus ergab sich, dass man alles dem *logos* oder, noch schlimmer, der Rationalität unterordnete. Aber niemand mit ein wenig Einfühlungsvermögen kann diese Unterordnung des Heiligen Geistes – *pneuma* – unter den *logos*, das Wort, akzeptieren. Wenn man heutzutage von Theo-logie des Heiligen Geistes und Pneumato-logie spricht, dann ist das Heilmittel schlimmer als die Krankheit. Alles hat sich auf den *logos* reduziert, und der Heilige Geist wurde ihm untergeordnet, mit Ausnahme der russischen Tradition und einiger anderer Ostkirchen.

Ich sage nicht, dass der Heilige Geist von Christus ununterscheidbar sei; aber der Heilige Geist, untrennbar von ihm, ist dem *logos* nicht untergeordnet. Die Rolle des Heiligen Geistes kann man weder rational einstufen noch rational rechtfertigen. Der Heilige Geist verträgt nicht die Einengung durch die Rationalität, weil er sich als Freiheit kundtut, und der Freiheit kann man keine rationale Gestalt geben. Der Heilige Geist ist unberechenbar; wir müssen (und dürfen) uns von ihm tragen lassen. Die Beziehung zum Heiligen Geist kann nicht bedingt sein; sie muss lebendig sein.

„Es ist gut für euch, dass ich fortgehe; denn wenn ich nicht fortgehe, wird der Heilige Geist nicht kommen." Der erste Teil dieses Satzes kann als Verlassen gedeutet werden, als notwendiges Verlassensein, um zur Vertiefung der Gotteserfahrung zu gelangen. Der Heilige Geist wird in uns erscheinen und tun, was ihm gefällt; der Heilige Geist verfügt über uns. Der Heilige Geist führt uns auf körperliche, persönliche, kontingente Weise, in unserer Person, in das trinitarische Leben ein. Dies ist die Gotteserfahrung, unsere Erfahrung in der Fülle des Seins. Dann sind wir einbezogen in das trinitarische Leben der ganzen Wirklichkeit. „Perichorese" und „circumincessio" nannte das die frühkirchliche Theologie: Ineinanderwohnen von Vater, Sohn und Geist, innigste Einheit also in größter Unterschiedenheit, intensivstes Leben in Beziehung, Verbundenheit in unsagbarem Beziehungsreichtum. So haben wir den heiligen Paulus zu verstehen, wenn er sagt, dass Jesus der Sohn Gottes ist: weil er sich vom Heiligen Geist forttragen lässt. Indem wir uns vom Heiligen Geist tragen lassen, nähern wir uns der Gotteserfahrung, die wir alle erleben können – im Geist Jesu.

IV
Besondere Orte der Gotteserfahrung

Gott kann man überall begegnen. Man muss ihn nur suchen und sich auf die Begegnung einstellen. Dies ist eine sehr verbreitete These. Gott ist groß, allgegenwärtig, sagt die klassische Theologie. Gott ist einmalig, behauptet eine ebenfalls traditionelle These – obwohl manchmal vergessen wird, beides miteinander zu verbinden. Gott ist überall, er ist unermesslich; aber Gott ist nicht teilbar, er ist einmalig. Dies bedeutet, dass man ihm an allen Orten ganz begegnet. Recht häufig ergeht es uns so, dass die Mühsal des Lebens, besonders des modernen, es uns erschwert, uns seiner bewusst zu bleiben. Der Fisch hat ein gewisses Bewusstsein der Dinge, aber er ist sich nicht darüber klar, von Wasser umgeben zu sein, so wie wir uns Gottes nicht bewusst sind, wenn wir nicht unser bloß animalisches Bewusstsein überwinden. Das Tier glaubt nicht an Gott – es glaubt nicht, dass es im Wasser ist.

Dieses Bild lässt sich noch weiter ausführen. Der Fisch macht sich nicht nass. Nur wenn er aus dem Wasser heraus kommt, werden wir gewahr (weil der Fisch stirbt), dass er nass ist. Das Erkennen, das immer ein Erkennen des Guten und des Bösen ist, macht uns bewusst, dass wir nass sind (durch Gott). Was mit dem Fisch geschieht, der stirbt, geschieht uns selbst im übertragenen Sinne: Wir geben die Selbstherrlichkeit auf, wenn wir uns nass, umhüllt von Gott, entdecken – wie es unter vielen anderen

Texten am Anfang der *Iśopaniṣad* schön beschrieben ist: „Vom Herrn ist die ganze Welt umhüllt."

Es gibt jedoch einige Orte, wo dieses Wasser, das uns umgibt, offenkundiger wird. Wir sprechen von „Orten" wegen der Armut unserer Sprache und ihrer Unfähigkeit, die raum-zeitlichen Paradigmen (die Kategorien) zu überschreiten. Die Metapher des Wassers kann uns helfen. Das Wasser (Gott) ist für den Fisch überall, aber vielleicht sieht man an dem einen Ort besser als an einem anderen, weil wir dort das Wasser, das uns benetzt, deutlicher wahrnehmen. Dennoch kann man das Wasser, das uns berührt, nicht sehen; man sieht die Sache, die nass ist. Die Gotteserfahrung ist nicht die Erfahrung eines Objektes, noch nicht einmal eines besonderen ‚Objektes'. Sie ist die Erfahrung der Göttlichkeit eines jeden Dinges, aber nicht als Akzidens, das an ihm ‚haften' bleibt. Hier lässt uns die Metapher des Wassers im Stich. „Gott ist [jener], im Vergleich [mit dem] die Substanz Akzidens ist, und das Akzidens ist nichts", sagt der Aphorismus 6 des hermetischen *Buches der 24 Philosophen*, das von der christlichen Scholastik oft zitiert wurde und sehr beliebt war. Wir erfahren Gott in der Sache und gleichzeitig mit ihr, untrennbar von ihr und identisch mit der tiefsten Wirklichkeit der Sache – wie in der Trinität, in der „die Personen" gleich und doch unterschiedlich sind . . .

★ ★ ★

Nach allem Gesagten sollte klar sein, dass diese Begegnungen mit dem Göttlichen nicht immer mit einem persönlichen Gott geschehen, wie es allgemein verstanden wird – ohne jetzt Betrachtungen anzustellen über das zwischen dem Osten und dem Abendland bestehende Missverständnis über das, was Persönlichkeit oder Unpersönlichkeit Gottes darstellt. Die ersten christlichen Generationen kritisierten die „Heiden", weil sie die Naturkräfte personifizierten, indem sie sie heiligten. Die jüngsten „post-christlichen" Generationen kritisieren die Christen, weil sie Gott anthropomorphisieren. Vielleicht sehen wir heute die Missverständnisse der einen und der anderen. Gott ist weder auf einen „Super-Kosmos" (Über-Welt) noch auf einen „Super-Anthropos" (Über-Mensch) reduzierbar. Hier sollten die Wurzeln der *kosmotheandrischen* Anschauung ihren Ansatz finden, vom Dreiklang also und Ineins von Gott, Mensch und Welt.

Also wird man fragen: Wem begegnet man? Eine sehr schnelle, aber nicht falsche Antwort würde besagen, dass man dem *Nichts* begegnet. Haben wir nicht gesagt, dass Gott kein Gegenstand ist?

Eine andere Antwort, die lange Abhandlungen benötigen würde, könnte darauf hinweisen, dass man den Anderen (*alter*), nicht das Andere (*aliud*) von uns selbst findet: den *Anderen* von uns selbst, ohne den wir nicht sein würden. Der Andere (*alter* als Symbol des Unbekannten von uns selbst) darf nicht mit dem Anderen *(aliud* als dem Fremden und Entfremdenden von uns selbst) verwechselt werden. Gott ist *alter,* nicht *aliud.*

Eine dritte Antwort würde in der Erklärung bestehen, dass wir dem *atman* begegnen, dem Tiefsten von uns selbst.

Im Grunde sagen die drei Antworten dasselbe aus. Gott ist keine andere Sache, er ist nichts Anderes außerhalb jenes Anderen von mir selbst, das bedeutet: vollkommen er selbst.

Vielleicht können wir es auf eine andere Weise sagen, die mit dem abendländischen Geist mehr im Einklang ist.

Der Ort schlechthin für die Gotteserfahrung ist der Mensch, der Mensch selbst, sein Selbst. Das „Drama" der Wirklichkeit spielt sich ab zwischen Gott und dem Bösen auf dem Kampfplatz des Menschen selbst – wie die Weltliteratur es in schillernden Farben beschreibt. Der Mensch ist der Ort der Begegnung (und des Zusammenstoßes), wo die Dynamik der Wirklichkeit freigesetzt wird. Der bevorzugte „Ort" ist der Mensch als Prototyp, wie er verkörpert wurde durch Adam, Ijob, Gilgamesch, den Menschen, den Dante nicht zu nennen wagte, Faust und noch weitere Vertreter der Menschheit; das Menschenbild, das in jedem Einzelnen von uns vielleicht eher latent vorhanden ist und das die Dichter, Mystiker und einige Philosophen beschreiben.

Die Geschichte ist der Schauplatz, wo der Kampf zwischen den Göttern und Asuras, Gott und Luzifer, sich abspielt. Das Leben Jesu Christi bietet uns ein Paradigma an in seinem ständigen Kampf gegen die Dämonen. Es ist das Drama der Erlösung. Manchmal erscheint uns die menschliche Berufung groß. Darum haben wir Gott verkleinert. Nietzsche, der von Christus begeistert war, hat sich irgendwie doch von der griechischen Tragödie hinreißen lassen. Aber unsere Betrachtung will nur eine Erfahrung beschreiben und muss all diese verlockenden Probleme umgehen.

Eine Erfahrung mitzuteilen ist nichts Geringfügiges. Der Meister tritt auf, wenn der Schüler bereit ist, sagen viele Schulen östlicher Spiritualität. Die Lektüre eines Buches, das etwas mehr als Information mitteilen will, erfordert, dass der Samen auf guten Boden fällt. Wenn der Leser nicht bereit ist, dringt das Geschriebene nicht ins Herz. Es gibt einen Aphorismus von zwei Worten im Yoga-Sûtra: „Im Herzen findet sich die befreiende Erkenntnis" [*hrdaye citta-samvit* (III, 34)], welcher sein Echo in der Gītā findet (VIII, 12) und den der Sufismus mit seiner Anschauung des Herzens *(qalb)* verbindet. Wir möchten das Herz des Lesers ansprechen.

Aber noch größer ist die Verantwortung des Verfassers. Er darf nichts außer dem beschreiben, was er selbst erlebt hat. Dem steht jedoch eine gewisse Hemmung gegenüber, die ihn dazu neigen lässt, seine Erfahrung in Poesie einzuhüllen oder sie mit mehr oder weniger philosophischer Prosa zuzudecken. In beiden Fällen verwendet er Worte; Worte aber sterben, wenn sie geschrieben werden, wie der Fisch, wenn er aus dem Wasser kommt. Das Geschriebene ist nicht das natürliche Element des Wortes. „Der Buchstabe tötet", sagt der heilige Paulus (2 Kor 3, 6), die Schafe hören auf die Stimme des Hirten, berichtet Johannes (Joh 10, 27). Es obliegt dem Leser, nicht nur zu lesen, sondern das geschriebene Wort durch Hinhören wieder zu erwecken. Als Entschuldigung möge dienen, dass die nun folgenden Seiten nicht beanspruchen, Erfahrungen zu berichten, sondern Orte zu beschreiben, zu denen der Leser eingeladen ist.

* * *

Eine weitere wichtige Vorbemerkung ist angebracht. Absicht des gesamten Buches ist es, zu verhindern, dass Gott Spezialisten in die Hände fällt und Spezialisierungen preisgegeben wird. Die Gotteserfahrung steht allen offen. Das ist „die frohe Botschaft" für die Kleinen, die Bescheidenen, die Armen – das Volk. Man muss keiner Kaste angehören und keiner Religion, noch bedarf es großen Wissens. Aber es gibt *eine* unerlässliche Bedingung. Und vielleicht ist das die härteste, so dass fast alle Traditionen der Menschheit zu der Annahme gelangen, dass es nur wenige sind, die sich retten, die sich verwirklichen, die sich nicht reinkarnieren, die das *nirvāṇa* erreichen, die die menschliche Fülle erlangen . . . Gott begegnet man überall, aber nicht auf jede Weise. Es gibt keine Veranlassung, die Gotteserfahrung zu banalisieren. Nicht jede ästhetische Ekstase, erotische Verzückung, intellektuelle Bewunderung, biologische Freude, Leid oder Begeisterung an der Natur sind Erfahrungen des Göttlichen. Sie könnten es sein, aber genau genommen müssen es reine Erfahrungen sein. Dies also ist die Bedingung: die Reinheit des Herzens.

Wir wiederholen: „Selig, die ein reines Herz haben; denn sie werden Gott schauen" (Mt 5, 8) – sie werden die Erfahrung Gottes machen. Ein reines Herz ist ein leeres Herz, ohne *ego*, fähig, in die Tiefe zu gelangen, in der das Göttliche wohnt. Die Erfahrung ist einfach, was nicht heißt, sie sei leicht. Ein Text der *upaniṣad*, den wir im Folgenden kommentieren, sagt uns zunächst, dass man Gott in der Mahlzeit, in dem, was man sieht, hört und versteht, begegnet, und fügt dann hinzu, dass der Weg auf jeden Fall durch die Askese, die Anstrengung, die Glut, das *tapas* – die Reinigung – hindurchgeht.

Von den unzähligen Orten werden wir neun auswählen und in aller Kürze darauf eingehen, ohne zu erläutern, *wem* man dort begegnet. Stimmen nicht alle darin überein, dass Gott unaussprechlich ist?

1 Die Liebe

Die Kulturen des Nordens wie des Südens, des Ostens wie des Westens stimmen darin überein, dass der bevorzugte Ort, an dem der Mensch Gott begegnen kann, die Erfahrung der Liebe ist. „Gott ist Liebe" (1 Joh 4, 8), und wer der wahren Liebe begegnet, begegnet Gott. Bis hierher gibt es eine große Übereinstimmung der Meinungen. Die Schwierigkeit tritt auf mit dem Dualismus in der Liebe selbst – in letzter Instanz zwischen der Welt und Gott.

Dadurch, dass man Gott in die Sphäre des Transzendenten und des Absoluten verdrängt hat, ist eine fast tödliche Spaltung im Wesen des Menschen geschaffen worden. Die Liebe war, wie die Veden uns sagen (Rig Veda X, 129), von Anfang an da, ist erhabener als alle Götter und der ursprüngliche Keim des Intellekts. Etwas Ähnliches bestätigen die ältesten Monumente der Menschheit. Es gibt keinen Zweifel, dass die Liebe ein anderer Name für die Dynamik allen Seins ist in seiner Tendenz zu „jenem", das kein *Anderes*, sondern ein *Anderer* ist. Dies ist die Dynamik der Liebe. Wir könnten nicht das Verlangen nach Gott haben oder das Streben nach dem Göttlichen, wenn „es" uns absolut fremd oder unbekannt wäre. Diese Dynamik zeigt ihre Kraft, ausgehend von der Trinität bis zum letzten Elementarteilchen der Materie. Wie sollte sie nicht ein Ort sein, wo man Gott begegnet?

Wenn es auch heilsam und notwendig ist, viele Unterscheidungen vorzunehmen, in letzter Instanz gibt es nur eine Liebe. Nach der Auffassung der mittelalterlichen Scholastik – und ebenso aus jüdischer, christlicher wie islamischer Sicht – ist diese letztgültige Liebe Gott. Alle Wesen, soweit sie sich nach etwas sehnen, verlangen nach Gott, sagt ausdrücklich Thomas von Aquin.

Das Herz ist das Symbol der Liebe, und die reinen Herzens sind, werden Gott sehen. „Ubi caritas et amor, Deus ibi est", verkündet ein beliebter paraliturgischer christlicher Gesang: „Wo die Liebe und die Güte ist, da ist Gott".

Die Mystik aller Zeiten und aller Kontinente hat uns kostbare Einsichten über die Liebe hinterlassen. „Ich folge der Religion der Liebe", sagte Ibn Arabi (1164–1240), der große Mystiker von Murcia, und fügte hinzu: „Wohin auch immer die Kamele der Liebe ziehen mögen, dort ist meine Religion und mein Glaube." Das Herz *(qalb)* ist eine Grundidee des Sufismus.

Das Herz, fast ein universales Symbol der Liebe, ist ein Organ des Menschen, darin bestätigt sich für uns das Einssein mit der Liebe. „Das Herz ist es, mit dem man die Wahrheit erkennt", sagt ein weiterer heiliger Text (Brihadaranyaka Upaniṣad III, 9, 23).

Die Liebe ist eins, haben wir gesagt. Diese Einheit ist eine nicht dualistische Einheit. Es gibt keine zwei Lieben, sie können sich nicht trennen, obwohl sie unterschieden werden sollen. Wenn die Unterscheidung sich in Spaltung verwandelt, ist dieser Bruch die Sünde.

Schwerlich kann man sich an der Liebe zu Gott erfreuen, wenn man die menschliche Liebe nicht kennt. Schwerlich kann man in der menschlichen Liebe beständig sein, wenn man in ihr nicht, sozusagen, eine göttliche Seele entdeckt. Die wahre Liebe ist mehr als eine Projektion des Willens oder bloßes Gefühl. Es geht nicht darum, die Liebe zu den Geschöpfen zu ‚überwinden', sie zu verlassen und sich zur göttlichen Liebe zu erheben. Gott wohnt nicht nur in den Bergen des Nichts, er hat auch seinen Aufenthalt in den „bewaldeten Tälern" der Menschen. Gerade in der menschlichen Liebe befindet sich die Göttlichkeit. Eine Liebe zu Gott, die sich nicht als Nächstenliebe inkarniert, ist eine Lüge (1 Joh 4, 20).

Das Thema ist wichtig genug, um ihm einen eigenen Abschnitt zu widmen.

2 Das Du

Die Liebe zu Gott und die Liebe zu den Dingen gehen aus der Dynamik unseres Seins selbst hervor – „Appetit" nannten das die Scholastiker. Sie sind unterschieden, doch nicht trennbar. Diese nicht dualistische Beziehung erscheint deutlicher in der Liebe zu unseresgleichen – zum Du, zu unserem Du. Der Vorrang des Prinzips vom Nicht-Widerspruch, der für die Logik gilt, aber nicht unbedingt für die Wirklichkeit, hat uns allzu oft dazu gebracht, die Wirklichkeit nach diesem Prinzip zu dividieren: „Christen/Nichtchristen, Gläubige/Ungläubige, British/Non-British, Gute/Böse usw." Der deutsche Idealismus geht aus vom Ich/Nicht-Ich und der europäische Cartesianismus von der Dualität zwischen Körper und Seele, Geist und Materie – wobei das eine als das definiert wird, was das andere nicht ist.

Das Du ist weder das Ich noch das Nicht-Ich. Auch ist es kein Mittelbegriff, der dann eine Synthese zuließe. Die Ich-Du-Beziehung ist *advaita*, Nichtdualismus. Es gibt kein Du ohne ein Ich und umgekehrt. Beide sind aufeinander bezogen.

Unter den menschlichen Liebesbeziehungen überwiegt die Liebe zum Du. Dieses Du ist vielleicht der wichtigste und universale Ort für die Gotteserfahrung.

Tatsächlich gehört es zur Überlieferung der Menschheit, und diese Meinung wird von allen Religionen geteilt, dass Gott uns in unserem Nächsten begegnet. Aber hier beschränken wir uns auf die Gotteserfahrung als Erfahrung des Du.

Erinnern wir uns, dass das Wissen praktisch aller Völker uns lehrt, dass die Öffnung zur Gotteserfahrung sich ergeben kann:

- über die Erkenntnis *(jñāna):* durch Anstrengung der Intelligenz, sich selbst zu transzendieren: Gott wird als ein Ich gesehen;

- durch die Liebe *(bhakti):* durch die Sehnsucht des Herzens, etwas zu finden, das es ausfüllt: Gott wird hier als ein Du gesehen;

- über die Werke *(karma):* durch die Kreativität des Geschöpfes, das dem Schöpfer im Schaffen, das heißt im Tun, nacheifern will: Gott wird als ein Er gesehen (das Modell, der Artifex).

Wir kennen die verschiedenen Schulen der Spiritualität, die alle einem dieser drei Wege folgen. Als Wege führen sie gewiss alle zu Gott. Unser Kommentar wird sich auf die Wege beschränken, aber nicht auf die zugrunde liegende Erfahrung eingehen.

Der erste Weg führt uns zu Gott als dem eigentlichen und höchsten Ich: Jahwe, Aham, Subjekt an sich usw. Aber das Ich kann untersucht werden. „Wie kann der Kennende erkannt werden?" fragt eine Upaniṣad. Der Kennende, das Ich an sich, kann nicht erkannt werden. Wenn wir tatsächlich den Kennenden kennten, würden wir ihn zum Gekannten konvertieren. Wir könnten sagen, dass beides dasselbe ist, doch unsere Erfahrung würde die vom Erkannten, aber nicht die vom Kennenden sein. Dieser als Kennender kennt; aber er wird nicht erkannt. Es gibt keine Möglichkeit des reinen Ich, sich zu erfahren. Der Sohn ist es, der den Vater kennt. Īśvara ist es, der sich als *brahman* weiß, das reine Bewusstsein ist Bewusstsein als solches, und nicht Bewusstsein von etwas (noch nicht einmal von sich selbst); das Licht ist unsichtbar, sofern es nicht etwas beleuchtet, das nicht Licht ist. Unsere Erfahrung des Ich ist eine Erfahrung über *mich*, es ist meine (einseitige) Erfahrung des Ich. Aber dieses Mich ist und ist nicht das Ich. Die Struktur der Erfahrung darf nicht monistisch sein: Es gäbe nicht die notwendige Polarität für die ganze Erfahrung. Die Struktur der Erfahrung selbst ist nichtdualistisch. Sie fordert eine Negation der Dualität, ohne in einen monolithischen Monismus zu verfallen. Eigentlich ist mein Ich ein Du-Ich, das Ich eines Du. Und nur, wenn ich mich als „dein" erfahre, kann ich wie ein Du zur Erfahrung des Ich gelangen, nämlich als ein Mich des Du – mein Du-Ich.

Anders gesagt, Gott macht nicht die Erfahrung des „Ich selbst". Er hat schon die Erfahrung von „sich selbst", was ja gerade durch die Nichtdualität oder Trinität bedingt ist. *Brahman* weiß nicht, dass er *brahman* ist, sagt der Vedānta. Īśvara weiß es; er weiß sich als *brahman*. Und bei Īśvara ist es genau diese Bewusstheit seiner selbst, die ihn *brahman* gleichmacht.

Der Weg der Liebe entdeckt Gott als ein Du. So betrachten es die meisten abrahamitischen Spiritualitäten. Gott ist das Du, an das sich alle Gebete richten. Aber man kann doch nicht behaupten, dass man die Gotteserfahrung als ein Du hat. Die Erfahrung ist persönlich: das Du ist du; ich bin ich – und viel mehr als das. Und so bin ich das Subjekt der Erfahrung.

Aber ich kann Gott erfahren, indem ich mich als ein Du von Gott erfahre, wenn ich mich als „sein" entdecke, nämlich wenn ich fühle, dass ich „dein" (dein Du-Ich) bin. Ich entdecke Gott in geringerem Maße, wenn ich ihn als ein Du entdecke – an das ich mich wende –, als wenn ein Ich sich an mich wendet, dessen Du mein Ego ist. Ich bin dann ein Du Gottes (sein Du-Ich). Die Gotteserfahrung ist also die Erfahrung des Du, des Du, das Gott Du nennt – das tatsächlich ich bin, mein wahrhaftiges Ego, das Du, ein Du Gottes.

Die Gotteserfahrung ist so persönlich, weil wir erst sind durch diese besondere Erfahrung *von* Gott in mir, bei der ich mich entdecke als gerade jenes „Du" dieses „Ich", das mich ruft und mich durch sein Rufen zum Sein gelangen lässt – wie es die Texte des Alten und Neuen Testaments sagen würden: „Du bist." Diese Entdeckung ist eine Offenbarung. Gott entdeckt sich in der Form des „Du" in mir: „Du bist mein Sohn" (Mk 1, 11; Lk 3, 22); „Heute habe ich dich gezeugt" (Ps 2, 7; Apg 13, 33). Die Initiative geht vom Ich aus; mein Ego ist nur ein Du – von Gott. Und wenn ich fühle, dass Gott zu mir sagt: „Du bist", dann bin ich wahrhaftig sein Du (und Gott ist das einzige Ich).

Sehr bedeutsam ist der Satz, mit dem Jesus Petrus segnet: „Was sagen die Leute, wer ich bin? (. . .) Und ihr, was sagt ihr, wer ich bin?" (Mt 16, 13–19), fragt Christus. Und Petrus antwortet ihm: „Du bist der Messias, der Sohn des lebendigen Gottes." Christus segnete Petrus, weil er das einzige Wort ausgesprochen hatte, das ihn offenbart: „Du", „Du bist" – um danach mit der Sprache und Kultur seiner Zeit fortzufahren, mit den übrigen Prädikaten und Adjektiven (Messias, Sohn) als Appositionen zur Entdeckung des Du.

Ich habe an anderer Stelle vertreten und argumentiert, dass das bekannte *mahāvākya* oder das Upanischadenzitat *tat tvam asi* sich nicht darauf beschränkt, dasselbe zu wiederholen wie die anderen (ich bin *brahman*), sondern noch hinzufügt: „also bist du, Svetaketu: ein Du" („also: du bist"). Wir sind identisch mit *brahman*, ohne aufzuhören, das zu sein, was wir sind; das Du von *brahman*, *saguna brahman*, ist identisch mit ihm, *nirguna brahman*.

Doch darüber hinaus: *Brahman* ist alle Dinge, Gott ist in allen Dingen. Daraus ergibt sich dieses Entdecken des göttlichen Du in den Dingen und auf besondere Weise in unserem Nächsten, was die am meisten verbreitete und menschlichste Weise ist, die Gotteserfahrung zu machen. Es steht geschrieben: „Liebe den Nächsten wie dich selbst." Nur wenn dieses „dich selbst" sich als ein göttliches Du offenbart, können wir den anderen lieben wie „uns selbst". So ist es, Gott im Nächsten zu entdecken, diesen zu entdecken als ein Du Gottes, also als ein heiliges.

Zwischen dem Du und dem Ich gibt es keine dialektische, sondern eine dialogische und nichtdualistische Beziehung. Das Du ist nicht das Ich, aber es ist auch nicht das Nicht-Ich. Das ist es, was der Idealismus vergaß. Zwischen dem Ich und dem Nicht-Ich steht das Du. Das Du ist Du, weil es das Du-vom-Ich ist – und eine analoge Aussage gilt für das Ich. Das Ich ist immer Ich eines Du. Noch nicht einmal Gott ist ein alleiniges Sein, woran uns Prajāpati und die Trinität erinnern – wenngleich aus zwei verschiedenen Perspektiven. Für uns kommt es darauf an, dass das Ich sich als ein Du erfährt, sich als „dein" erlebt und erlöst ist.

Wer nicht die Entdeckung des „Du" macht – die man selbstverständlich nicht ohne Denken, ohne Liebe und ohne Tat machen kann –, verliert die Möglichkeit, die göttliche Erfahrung zu machen. Die Gotteserfahrung ist die Erfahrung des „Du", die uns zur Unmöglichkeit der Erfahrung des „Ich" führt, denn das Ich kann sich nicht selbst erfahren, wenn es sich nicht in einem „Du" objektiviert. Daher ist das „Ich" unerfahrbar, aber im Gegensatz dazu ist das „Du" erfahrbar. Wie jedermann weiß, entdeckt man das Du nur, wenn man liebt. Das „Du" ist ebenso der Arme, der Andere, der Freund, der Gefährte, und einige werden sagen, dass es schließlich auch der Feind ist. Er ist das Salz für die Transzendenz, die sich von der Immanenz nicht trennen lässt. Die Gotteserfahrung zu machen ist nämlich nur dann möglich, wenn man von der Immanenz des Du ausgeht, das sich als „Du-Ich" entdeckt. Kommen wir zurück auf die Liebe als Ausgangs- und Zielpunkt – jene Liebe, die die Veden definieren als die primäre Sinnesregung (Atharva Veda XIX, 52, 1) und den Ersten der Götter (Atharva Veda IX, 2, 19) und die von der christlichen Heiligen Schrift (1 Joh 4, 8.16) als Gott selbst angesehen wird.

„Wenn ich über mich selbst als Zeuge aussage, ist mein Zeugnis nicht gültig" (Joh 5, 31). Das Ich kennt nicht sich selbst. Jesus sagt in diesem Text nicht, dass sein Zeugnis ungültig ist, weil er ein Lügner wäre; er sagt, dass er weiß, dass das Zeugnis von einem Du, das er seinen Vater nennt, gültig ist. Ich kann mich nicht kennen, und deshalb kann ich von mir kein wahres Zeugnis ablegen. Es muss ein Du sein. Aber das Du ist kein beliebiges: es ist mein Du, das ich als solches anerkenne, und deshalb weiß ich, erkenne ich an, dass es die Wahrheit sagt.

Das „Erkenne dich selbst" ist daher nicht möglich, ehe mein Ich von jemand erkannt worden ist, der nicht irgendein Anderer, sondern mein wahres *alter ego*, mein Du ist. Ich weiß in dem Maße, wie ich erkannt worden bin (1 Kor 13, 12). Das Erkennen ist zugleich aktiv und passiv. Ich kenne, soweit ich erkannt bin. All dies ist eng mit dem Ich verbunden. Es sind weder zwei noch eins: „Wer von den Menschen erkennt den Menschen, wenn nicht der Geist des Menschen, der in ihm ist?" (1 Kor 2, 11). Das wahre Du ist der Geist des Menschen, der in ihm ist. Aber das Gleiche gilt für Gott (vgl. 1 Kor 2, 12). In diesem heiligen Geist können wir die Erfahrung Gottes machen. Doch all dies ist nicht ohne Liebe zu verstehen.

3 Die Freude

Im Grunde sind all diese Orte miteinander verbunden. Die Liebe ist die Quelle der Freude, aber es kann auch die des Schmerzes sein. Aber vielleicht ist das Schwanken zwischen negativen manichäischen Lebenseinstellungen und hedonistischen Spaßhaltungen typisch für unsere Zeit.

Max Scheler hat vom „Verrat an der Freude" auf Seiten der christlichen Religion gesprochen, als er Kant und den protestantischen Puritanismus kritisierte. Aber auch die Katholiken sind mit Recht kritisiert worden wegen einer Spiritualität des „Karfreitags", einer lebensfeindlichen Frömmigkeit. Wenn man Freude als ein Zugeständnis an den alten und leiblichen Menschen betrachtet, dann steht man ihr feindlich gegenüber.

Wir werden uns nicht damit aufhalten, an die scholastische These über die *beatitudo*, die Glückseligkeit, als das eigentliche Ziel des Menschen zu erinnern; wir wollen auch nicht die Upanischaden kommentieren, die *ānanda*, die Glückseligkeit, als wesentliches Merkmal von *brahman* beschreiben – so groß unsere Versuchung ist, die Taittirīya Upaniṣad (II, 5, 1 ff.) zu zitieren mit der Beschreibung des *brahman* und außerdem des *atman* als Freude selbst.

In der üblichen Mentalität des Westens, besonders in der christlichen, gehört die Freude nicht zu den Orten, an denen die Gotteserfahrung ihre reinste Form findet. Wir sagen reinste, weil bei der Erfahrung von Freude der Anteil an Reflexion minimal und nur indirekt ist. Man braucht ein reines (moralisches) Bewusstsein, damit die Abschwächung des (intellektuell überlegenden) Bewusstseins uns die Spontaneität der menschlichen Lust erreichen lässt, die uns die göttliche Gegenwart und Wirklichkeit transparent macht. Die Volksfrömmigkeit mit ihrer „Freude" an den Heiligen ist manchmal weiser. „Ein Heiliger, der traurig ist, ist ein trauriger Heiliger", sagte Léon Bloy, und die Kritik von Gide an den negativen Geboten ist bekannt. Man könnte Camus zitieren und viele andere oder Rubén Darío mit seinen Versen im gleichen Sinne – gegen Thomas von Kempen. Auch der Mangel an Humor in der Theologie und der Philosophie wurde immer wieder festgestellt.

Was wir hier unterstreichen wollen, ist nicht so sehr eine negative Kritik oder eine theoretische Rechtfertigung, dass Gott Freude ist, sondern das mangelnde Gefühl dafür, dass man in der Freude Gott begegnet und dass die Freude ein bevorzugter Ort für die Erfahrung des Göttlichen ist. Gott ist der Gott der Lebendigen, und dazu gehört die Lebenslust.

Es geht uns nicht darum, die Freude zu definieren oder subtile Unterscheidungen zwischen Glückseligkeit, Vergnügen, Ergötzung, Euphorie, Genugtuung, Glück, Lust, Jubel und vielen anderen Synonymen zu machen. Was wir sagen wollen, ist viel einfacher. Christus sagt, er sei gekommen, damit wir das Leben haben und es in Fülle haben (Joh 10, 10), „Struktur" und Inhalt seiner Botschaft sind beschrieben mit der Charakterisierung „Seligpreisungen".

Zur Weisheit gehört, dass man die wahre Freude entdeckt und die Erfahrung, dass man in ihr die Quelle der wahren Lust findet, die – fast könnte man sie so definieren – Gott ist.

Es ist bezeichnend, dass das Christentum, das die Religion der Freude sein sollte, zu oft als eine traurige Glaubensgemeinschaft angesehen wird. Das „Halleluja" und die Lobpreisung sind die häufigsten Gebete in der jüdisch-christlichen Tradition; die Traurigkeit *(acedia)* wurde lange Zeit als Todsünde betrachtet; das Wort „Gnade" hat sowohl im Griechischen als auch im Spanischen die Nebenbedeutung von Freude und Lust; das „gaudium de veritate", die Freude an der Wahrheit, gehört zur ältesten christlichen Tradition, und die Auferstehung des Fleisches steht im Mittelpunkt der christlichen Botschaft. Trotzdem ging oft das Gleichgewicht verloren. Viele Christen freuen sich des Lebens nur mit Schuldkomplexen, und eine gewisse lebensverneinende Spiritualität hat in viele Christenkreise Einzug gehalten.

Zur Pädagogik unserer Zeit sollte die Unterweisung über die wahren Freuden des Lebens gehören, jene elementarsten Freuden, die auch die fundamentalsten sind. Immer wieder kommen wir auf dasselbe zurück. Nur der Unbefangene genießt vollkommen; nur ein reines Herz erfährt die Freude – und mit ihr Gott.

Ein anderer Text aus der Hindu-Überlieferung, der Taittirīya Upaniṣad (III, 3, 1 ff.), sagt – im Zusammenhang mit *brahman* als Glückseligkeit *(ānanda)* – dass man bei der Begegnung mit dem Mahl (der Nahrung, *annam*), dem Leben (Atmung, *prāna*), der Gesinnung (*manas*), der Intelligenz *(vijñāna)* usw. Brahman erkennen kann. Glückseligkeit liegt also in der Erfahrung des menschlichen Alltags in seiner größten Tiefe.

Hier wie überall gilt es, einen Mittelweg einzuhalten. „Nichts im Übermaß", lautet ein Aphorismus der Vorsokratiker.

4 Das Leid

Wir sollten unterscheiden zwischen Schmerz, Pein und Leid. Die drei Wörter sind mehrdeutig, und zu oft werden sie unterschiedslos verwendet. Als Schmerz bezeichne ich grundsätzlich eine biologische Empfindung. Die Tiere fühlen Schmerz. Viele Autoren sprechen von animalischem Schmerz und setzen voraus, dass Tiere eine Seele haben. Pein ist vorherrschend eine psycho-physische Beeinträchtigung. Die Pein wird auferlegt, wird aber auch in der Seele gespürt; manchmal benutzt man das Wort, um etwas rein Geistiges auszudrücken. Das Wort Leid verwenden wir bei einer Verbindung zwischen dem Körperlichen, dem Psychischen und dem Spirituellen. Ein bestimmtes Leid ist nicht unverträglich mit der Freude. „Pati divina" (das Göttliche erleiden) ist ein traditioneller Ausdruck der lateinischen Mystik – mit aller Ambivalenz des Begriffes. Ist die Gotteserfahrung in der Freude ekstatisch, so ist sie im Leiden instatisch – um ein von Mircea Eliade eingeführtes Wort zu gebrauchen.

Man leidet unter Ungerechtigkeit und Demütigung, unter Strafe oder Hunger, unter der Entbehrung von Gütern oder unter Angst vor einer bedrohenden oder ungewissen Zukunft. Nicht nur die Wörter sind vieldeutig, auch ihre Wirkung ist es. Das Leiden kann uns Gott näher bringen oder uns auch vom Göttlichen entfernen. Leiden kann uns läutern oder niederdrücken, es kann uns reifen oder verzweifeln lassen.

Wir gehen jetzt nicht auf die freiwilligen Leiden ein: Es gibt eine Vielzahl spiritueller Traditionen sowohl des Ostens als auch des Westens ein, die glauben, dass das freiwillige Leiden uns läutern kann. Es ist eine Tatsache, dass diese Glaubensauffassung vieler Sannyasins, Mönche und Mystiker zu positiven Ergebnissen geführt hat, so sehr sie uns als Verirrungen erscheinen mögen und so sehr der heutige Mythos gelingenden Lebens solche negativen Asketismen zurückweist.

Es geht uns im folgenden nicht um dieses selbst auferlegte Leid, sondern um das durch vielerlei Ursachen geschaffene – sei es eigene oder fremde Krankheit bis hin zur körperlichen oder moralischen Beeinträchtigung durch ungerechte Situationen persönlicher oder gesellschaftlicher Art.

Die Leidenschaft für Gerechtigkeit bringt Leiden mit sich. Die Verfolgung von Christen in Lateinamerika, die den ungerechten Status quo verändern wollten, zeigen, worum es geht. Die Situation Tibets, die Tragödien in Afrika, um nur bekannte Beispiele zu erwähnen, all das kann uns nicht gleichgültig sein.

Auch das persönliche Leid kann ein Ort der Begegnung mit dem Göttlichen werden, obwohl man psychologisch und religiös gut beraten ist, es nicht mit dem Leid an sich bewenden zu lassen. Immerhin ist das Leid eine Art existentieller Erweckung zur Dimension unserer eigenen Tiefe und der ganzen Wirklichkeit. Das Unglück bringt uns Gott und den Anderen näher, sagt die Volksweisheit. Aber es wird dabei von uns eine „alchemistische" Verwandlungsoperation verlangt, damit das Leid uns wirklich für das Mysterium öffnet und uns nicht in Verzweiflung versinken lässt. Oft ist es das ganz unerklärliche Leiden, das uns dem göttlichen Mysterium nahe bringt. Gerade im Kämpfen beweist sich unsere Freiheit. „Lerne durch die Askese, *brahman* zu unterscheiden" *(tapasā brahma vijiñāsasva)* ist der Refrain der schon zitierten Upanischade *(Taittirīya*, III, 1. ff.). Das Leid macht sensibel für die ganze Wirklichkeit und kann die Solidarität vertiefen mit allem, was ist.

Es ist offensichtlich, dass der Glaube an einen allmächtigen und guten Gott in uns eher eine Blasphemie auslösen könnte. Ein Gott z. B. der nichts tut, obwohl er das Unheil lindern könnte, müsste als zynisch und sadistisch erlebt werden. Aber vielleicht verändert die Leidenserfahrung, wie oben beschrieben, solche Vorstellungen von Gott und erschließt neu, förmlich therapeutisch, die religiöse Kraft des Vertrauens in den göttlichen Grund.

Es ist eine empirische Tatsache, dass das Leid wie auch die Freude menschliche Situationen sind, die eine Gotteserfahrung mit sich bringen können oder auch ganz das Gegenteil. Das Leid konfrontiert uns mit dem Irrationalen, mit der menschlichen Bosheit, mit dem Unheil, mit dem Zerbrechen unserer Schemata und Sicherheiten, es lässt uns die innere Mitte und die Richtung verlieren, es raubt uns jegliche Selbstzufriedenheit, nimmt uns alles und stellt uns dem Schmerzlichen gegenüber, dem Unverständlichen, dem, was unsere Würde verletzt und gegen das wir instinktiv rebellieren. Wir denken an das Leiden eines zum Tode oder zu lebenslänglicher Haft Verurteilten, mit oder ohne Schuld. Wir denken nicht nur an einen Hiob, sondern an Millionen unserer Brüder und Schwestern, die leiden, und das um so mehr, als wir theoretisch viel von ihrer Pein beheben könnten. Die Gotteserfahrung ist hier eher eine Kommunion als ein Trost. Ein Trost gehört zu einer anderen Größenordnung. Man wird von der Gnade ebenso berührt wie vom Mysterium. Die Spiritualität des Bodhisattva ist ein hoffnungsvolles Beispiel. Der Bodhisattva verliert nicht seine Freude, bleibt aber auf der Erde, um am Leiden der Geschöpfe teilzunehmen, um ihnen so zu ihrer Befreiung zu verhelfen.

Wir sagten, dass das Leiden die Erweckung zur Transzendenz sein kann – und damit ein Ort, um Gott zu begegnen. Diesen Gedanken müssen wir ergänzen: Es kann auch eine Offenbarung der Immanenz sein – und auch hier begegnet man Gott. Der Bodhisattva, der Heilige und auch der Weise leiden nicht so stark unter dem, was sie individuell beeinträchtigt, sondern vielleicht sogar mehr für die

Menschheit, für alle fühlenden Wesen, für den Kosmos. Dies ist die Erfahrung des *buddhakāya*, des *karma*, des mystischen Leibes Christi, der universalen Brüderlichkeit, um sehr ungleiche Beispiele dieser Erfahrung zu nennen. Der Grund, dass der verwirklichte Mensch offener ist für diese Art der Teilhabe an der Wirklichkeit, ist einfach: Wer zur menschlichen Fülle gelangt ist, hat die Schranken des Individualismus durchbrochen und tritt in Verbindung mit dem ganzen Kosmos. Der *mahātma* (großherzige, große Seele), der *jīvan-mukta* (befreite Seele), der *isân kâmil* (perfekte Mensch), der *shên jên* (heilige Mensch), der Heilige (*hagios, sanctus, kadosh* usw.), der *edele Mensch* (nach Eckhart, Kommentar zu Lk 19, 12), um eine große Vielfalt von Traditionen aufzuzählen – sie alle sagen dasselbe: der Weise ist derjenige, der das Herz des ganzen Volkes hat, und Meister Eckhart wiederholt einen Volksglauben, wenn er behauptet, dass „wer sich selbst kennt, alle Geschöpfe kennt" *(Vom edelen Menschen)*. Diese Verkettung von Allem mit Allem vereint uns mit der Wirklichkeit durch die Kontemplation, das Gebet, die Lobpreisung. Diese allumfassende Solidarität erwächst auch aus dem akzeptierten Leiden der Schöpfung, z.B. in den Wehen der Geburt oder in den Tränen der Verzweiflung. (Es ist auch eine empirische Tatsache, dass der Mensch das Band, das ihn mit der Wirklichkeit vereint, tiefer zu empfinden scheint, wenn er sich der negativen Aspekte mehr bewusst ist als der positiven – so, wie wir uns selten an unseren Magen erinnern, wenn er gut funktioniert.)

Das Leid lässt uns also unsere menschliche Bedingung und unseren kreatürlichen Zustand tiefer empfinden – wie auch immer man dies interpretieren mag. Es genügt, den Text oder einige Klänge des „Stabat mater" der christlichen Tradition zu hören (ohne dass es unbedingt Palestrina sein muss), um zu verstehen, was ich meine. Es ist die liebende Teilnahme am fremden Schmerz. Dieses Bewusstsein, Teil des Ganzen zu sein, öffnet uns für die Gotteserfahrung. Es ist eine bekannte Tatsache, dass Gefangene und Opfer menschlicher Grausamkeit weniger leicht zusammenbrechen, wenn sie ihren Glauben an etwas, das sie transzendiert und das zugleich immanent in ihnen wohnt, lebendig halten.

Gewiss kann das Vertrauen auf die geistliche Begleitung tröstlich sein; das gilt auch für die Überzeugung, dass das Leid eine gewisse Nützlichkeit hat. Die Erfahrung des göttlichen Mysteriums kann freilich Formen der Wandlung annehmen, die alles Zittern und Entsetzen überstrahlen. Der Glaube ist weder eine Rationalisierung Gottes noch des Lebens. Der Verzweiflungsschrei Christi am Kreuz ist vielsagend. Auch sein letzter Ausruf ist eine Offenbarung: „In deine Hände empfehle ich meinen Geist" (Lk 23, 46).

Gotteserfahrung ist, wie gesagt, keine Bagatelle. Und damit berühren wir schon den nächsten Punkt.

5 Das Böse

Dieser Abschnitt kann vor allem diejenigen schockieren, die sich eine einseitige Vorstellung von der göttlichen Wirklichkeit machen. Wir verbuchen alles Gute und Positive auf das Konto Gottes und vergessen, dass „die Götter das Dunkle lieben" (Aitareya Upaniṣad I, 3, 14), dass viele von ihnen jenseits von Gut und Böse sind (und daher in den Disputen der Menschen nicht Partei ergreifen) und dass auch der Gott des Evangeliums die Sonne für Gerechte und Ungerechte aufgehen und es regnen lässt auf

Gute und Böse. Die Frage ist heikel. Wir sagen keineswegs, dass Gott ‚böse‘ wäre. Wir beschränken uns auf die Darlegung, dass man auch bei der Erfahrung des Bösen Gott begegnen kann.

Man versteht das Ärgernis eines gewissen puritanischen Christentums, das sich über die Behauptung aufregt, dass das Böse ein bevorzugter Ort für die Erfahrung Gottes ist. Dieses „Ärgernis" geht aus dem dualistischen Denken hervor, das keinen Platz für das Böse hat, weil es dieses als absolut betrachtet. Dennoch hat man gerade in der christlichen Tradition die Osterliturgie wegen ihres Lobgesangs mit dem berühmten Passus der „felix culpa", der glückseligen Schuld, keiner Zensur unterworfen. Die Ursünde gilt als eine glückliche Schuld, die uns einen solchen Erlöser brachte.

Diese tiefgreifende Idee der kontemplativen Liturgie befreit uns vom bloß dialektischen Denken, das im christlichen Westen vor allem in den letzten Jahrhunderten vorherrschend war. In der Tat kann das dialektische Denken, da ja die Sünde keine Tugend ist, die Sünde (von Adam und Eva in diesem Fall) nicht stärker rechtfertigen, als es die (unmoralische) Theorie vertreten kann, dass der Zweck die Mittel heiligt. Wenn die Ursünde eine *felix culpa*, eine glückliche Schuld, war, ist sie nach dieser Denkart deshalb gerechtfertigt, weil sie das „Mittel" zur Erlösung war. Auf diese Weise wird alles eschatologisch gerechtfertigt. Wenn es „Schuld" ist, kann es nicht „glücklich" sein, und man darf es nicht glorifizieren. Wenn das Böse Nicht-Gutes ist, können wir auf keinen Fall darin Gott begegnen, und man darf nicht behaupten, dass die Sünde eine glückliche Sünde sei, denn sie wird wegen ihrer Folgen (der Erlösung) gerechtfertigt. Nach der üblichen Theologie der Erlösung ist auch nicht verständlich, dass Gott Vater die Kreuzigung seines Sohnes für ein höheres Gut zugelassen und vielleicht sogar beschlossen hätte. Davon ausgehend, ist es nur noch ein Schritt zur Verteidigung nicht nur der Kreuzzüge und der Inquisition, sondern auch der gerechten Kriege und des ausufernden Kapitalismus (zum Wohl der Opfer selbst, wenn auch stets im Hinblick auf „später").

Wenn wir sagen, dass das Böse ein Ort sein kann, um das höchste Gute zu erfahren, drücken wir damit aus, dass das Böse kein absolutes Böses ist. Es steht nicht absolut im Gegensatz zum Guten. Es wäre sonst irrational oder unmoralisch, eine solche Position zu vertreten.

Die Erfahrung des Bösen konfrontiert uns mit unserer Schwäche, mit unserer Sünde. Man kann nicht bestreiten, dass das Böse real ist. Aber wir erkennen es als solches. Das Erkennen des Bösen ist etwas Gutes, es ist ein Gutes besonderer Art. Ist es nicht eine tägliche Erfahrung, dass diejenigen, die das Böse nicht kennen gelernt haben, fast unmenschlich sind? Der Zöllner des Evangeliums wie auch der ältere Sohn in der Parabel vom verlorenen Sohn sind zwei offenkundige Beispiele. Ihm wurde viel vergeben, weil er viel geliebt hat, ist ein anderes *koan* des Evangeliums (vgl. Lk 7, 47 mit Lk 15, 25 und Lk 18, 9–14).

Die Religion unterstützt das Gute und Beste des Menschen. Sie hat die größten Genies inspiriert, die auserlesensten Werke ermöglicht, z. B. die Errichtung der großartigsten Kathedralen und Tempel; in ihrem Namen wurden die heroischsten Taten vollbracht. Aber es gab auch das Schlechteste, das Ruchloseste. Die Religion war nicht nur Opium, sondern auch Gift; sie war Vorwand, auf allen Ebenen die schlimmsten Verbrechen und Verirrungen zu begehen. Das Böse ist ein integrierender (nicht unbedingt konstituierender) Teil der Wirklichkeit, und die Religion, gerade weil sie real ist, hat Anteil an dieser Ambivalenz des Guten und des Bösen. Hierzu wollen wir einige Betrachtungen anstellen.

a) Das Böse – eine Tatsache

Das Problem des Bösen – es ist hier nicht notwendig, uns auf metaphysische Diskussionen über seinen Wirklichkeitsgrad einzulassen – ist eine unbestreitbare Tatsache. Es ist auch eine der Religion innewohnende Frage, die den Menschen im Laufe der Geschichte dazu bewogen hat zu versuchen, sie von unterschiedlichsten Theorien ausgehend zu erklären. Wir verfügen über breit gefächerte Hypothesen gemäß den verschiedenen Weltanschauungen. Das beginnt mit der Betrachtung des Bösen als einer bloßen Erscheinung und geht bis dahin, ihm eine dem Prinzip des Guten gleichrangige Wirklichkeit zuzugestehen. Es empfiehlt sich die Erinnerung daran, dass die Religionen sich nie auf den Menschen konzentriert haben, sondern auf den Kosmos, in dessen Entwicklung das Böse ein aktiver Faktor ist. Erinnern wir uns an die vielfältigen Kosmogonien, bei denen das Böse der Ausgangspunkt und die Ursache des derzeitigen Zustandes des Kosmos zu sein scheint.

b) Das Böse – unverständlich

Das Böse als solches ist unverständlich. Das *mysterium iniquitatis*, das Geheimnis der Bosheit, ist gerade deshalb Mysterium, weil es sich unserem Verstand entzieht, weil wir keine Erklärung dafür finden, weil es uns unverständlich erscheint. Wenn wir es erreichen würden, das Böse zu erklären, etwa durch Freud, Jung, Lacan oder Ricoeur, oder wenn wir die Schlüssel hätten, seine Rechtfertigung zu finden, dann wäre das Böse nicht mehr vorhanden. Wenn wir in der Lage wären, es zu erklären, wäre es entschärft wie eine Bombe ohne Zünder. Wäre es nicht ein Mysterium, gäbe es das Böse nicht.

Zur Verständlichkeit des Bösen fehlt der innere Zusammenhang, rational gibt es kein letztes Warum. Es gibt keine denkbare Antwort, weil es sonst aufhören würde, das Böse zu sein. Für ein allwissendes Wesen kann es das Böse nicht geben. Tatsächlich verneinten die absoluten Monotheismen die metaphysische Eigenständigkeit des Bösen. Wenn wir einen Grund suchten, um das Böse zu erklären, würden wir uns übernehmen. Auch die kosmologischen Dualismen, die vom Kampf des Guten und des Bösen sprechen, bieten keine Erklärung. Wo das Böse nicht abgehalten, sondern zugelassen wird, kann es – wie der Satan im Hiobbuch zum treuen Gehilfen Gottes werden. „Von Zeit zu Zeit seh ich den Alten gern", sagt uns Mephisto im *Faust*.

Aber das Geheimnis des Bösen stellt auch eine moralische Herausforderung für den Monotheismus dar. Wie kann das Böse in einem Glauben an einen guten und allmächtigen Gott bestehen? Die jüdische Kabbala, die die Hypothese eines sich bis zum Äußersten zurückziehenden, selbst entäußernden Gottes in Betracht zieht, könnte ein Beispiel für eine vierte Annäherung zu einer Erklärung sein. Ein weiteres Beispiel – dieses Mal aus der Theologie des Islam, der den reinen und kompromisslosen Monotheismus vertritt und der nicht bereit ist, das Böse lediglich mit dem Scheinbaren in Verbindung zu bringen – kann uns zum Aufweis dienen, wieso, in letzter Instanz, das Böse ein integrierender Teil des göttlichen Planes ist.

Erinnern wir uns an die pathetische und anrührende Geschichte des *Kitâb at-Tawâsîn*, die dem großen Mystiker und Märtyrer Al-Hallâj zugeschrieben wird und von Louis Massignon ins Französische übersetzt wurde. *Iblîs* (Luzifer), der schönste aller Engel, das erste und strahlendste Geschöpf, das aus der Hand des Schöpfers hervorging, widersetzt sich, als dieser ihm mitteilt, er habe einem sterblichen Wesen aus Fleisch, aus Schlamm – andere Texte sagen: dem Menschen – zu dienen und dieses Wesen sogar zu verehren. *Iblîs* weigert sich und sagt: „Ich bin von allen derjenige, welcher dich am besten kennt; ich bin dein vollkommenstes Geschöpf. Ich habe dir Treue und ewige Liebe geschworen, wieso willst du, dass ich dir den Rücken kehre, der du das Licht und die Quelle von allem bist, und dass ich fortgehe, einem anderen Geschöpf, das von dir verschieden ist, zu dienen, obwohl ich dazu da bin, deinen Weisungen zu gehorchen." Iblîs sagt zu Gott, dass er sehr wohl weiß, dass dieser die Absicht hat, die Zeit und die Schöpfung in Gang zu setzen . . ., und dass er ihm aus Liebe und Treue den Gehorsam verweigern und sich dadurch die Verantwortung und Bestrafung auferlegen wird. Iblîs ist von Liebe blind und reagiert wie ein zurückgewiesener Liebhaber.

Eines Tages treffen sich Iblîs und Mose, und Mose fragt: „Wer hat dir verboten, dich zu verneigen?" Iblîs antwortet ihm, dass sein Verständnis Gottes als des einzig Verehrenswerten es ihm verboten hat, „während du ihm den Rücken gekehrt hast, als du ins Gebirge gingst." „Hast du denn deshalb ein Gebot Gottes übertreten?", fragt Mose ihn. „Es war kein Gebot", antwortet Satan, „es war nur eine Prüfung." „Es war also keine Sünde?" fragt Mose weiter. Daraufhin bezeugt Luzifer wiederum seine Liebe und Treue zu Gott und argumentiert, dass er, Iblîs, wenn Gott es ernstlich gewollt hätte, keinen anderen Ausweg gehabt hätte, als ihm zu gehorchen; aber da er ihm nicht gehorche, bedeute dies, dass Gott ihn im Grunde für seine Pläne benötige. „Du erinnerst dich also noch an ihn?" „O, Mose", antwortet er ihm, „das reine Denken bedarf nicht der Erinnerung ... sein Gedächtnis und meins sind immer beieinander ... Ich diene ihm mit der größten Reinheit und im Gedenken seiner Herrlichkeit. Früher diente ich ihm zu meiner Freude, und jetzt diene ich ihm zu der seinigen."

Gott und Iblîs sind die Geschichte einer Treue, die nicht zu begreifen ist, wenn man nicht versteht, was die Liebe und die Treue sind. Die Erfahrung des Bösen kann man von der Existenz eines lebendigen Gottes nicht trennen, weil Gott die ganze Wirklichkeit ist. Die letzte Erklärung wird vielleicht in dieser großen Treue zu einem Wesen gefunden, die das Entfesseln des Mysteriums der Zeit möglich macht.

Ausgehend von einer nicht monotheistischen Perspektive gibt es nicht so viel Widerwillen, das Böse ins Innere der Göttlichkeit einzulassen. Indra zum Beispiel, der große vedische Gott, Herr des Guten und des Bösen, hat Wirkungsweisen, die aus ethischer Sicht völlig unmoralisch sind. Indra lügt, bedient sich des Guten und des Bösen, wie es ihm gerade in den Sinn kommt, und verdreht die Dinge. Im Unterschied zur christlichen Mentalität, in der Gott nicht das Böse tun kann, ist es in diesem Fall möglich, dass die Gottheit zum Bösen verleitet und selbst die Erfahrung des Bösen mit der Gotteserfahrung vermischt.

Aber die Theologie von Indra führt uns viel weiter. Indra antwortet nicht nur auf seinen volkstümlichen Namen Indra Vritahan, nämlich Indra, der den Dämon Vrita besiegt (tötet), welcher tödliche Trockenheit verursachte, indem er die Wasser gefangen hielt; Indra steht über dem

Guten und dem Bösen. Und als vollendeter Mensch, den eine Upanischade beschreibt, lebt er nicht mit dem quälenden Gedanken, ob er Gutes oder Böses getan hat (Brihadaranyaka IV, 4, 22; Taittirīya Upaniṣad II, 9, 2). Das große indische Weisheitsbuch *Mahābhārata* (XII, 337–340) legt dem verwirklichten Menschen folgenden Rat in den Mund: „Entsage dem Guten und dem Bösen *(tyaja dharman adharman ca)*; entsage der Wahrheit und der Lüge *(ubhe satya-anrite tyaja),* und nachdem du diesen entsagt hast, entsage der (dir bewussten) Entsagung selbst." Wenn wir damit Wasser auf unsere eigene Mühle gießen (wobei wir jetzt natürlich nicht in diese gesamte Problematik eindringen können), so ist zu sagen, dass die Gotteserfahrung hier nicht unbedingt als Erfahrung des Guten betrachtet wird – im Unterschied zu Platon. „Sage mir, was du jenseits des Guten und Bösen siehst *(anyatra dharnād anyatra adharmād),* fragt Naciketes den Yama, den Gott der anderen Welt (Katha Upaniṣad I, 2, 14). In den zitierten Texten werden wir darauf hingewiesen, dass man nicht über das Gute hinausgelangen kann, wenn man nicht zugleich fähig ist, über dem Bösen zu stehen. Insofern Gott, zumindest, die Summe der gesamten Wirklichkeit ist, bringt uns die Gotteserfahrung in Verbindung mit den Höhen des Himmels wie auch mit den „Tiefen des Satans" (Offb 2, 24) – um eine christliche Ausdrucksweise zu verwenden (die in der Vulgata ironisch mit *„altitudines Satanae",* Höhenflüge des Satans, übersetzt wird).

c) Das Böse – verbunden mit der Gotteserfahrung

Man kann sagen, dass aus zwei Gründen das Böse eng mit der Gotteserfahrung verbunden ist. Der erste ist, dass die Gotteserfahrung sowohl die Moral als auch die Ethik transzendiert (sofern man zwischen ihnen unterscheiden muss), ohne dass dies bedeutet, sie auf irgendeine Weise zu negieren. Um es auf traditionelle Weise auszudrücken: Das göttliche Geheimnis befindet sich jenseits vom Guten und Bösen. Indem man sagt, dass es diesen Dualismus transzendiert, behauptet man keineswegs, dass dies etwas Gutes sei – oder etwas Böses.

Der zweite Grund ist noch komplizierter. Wir haben gesagt, dass das Böse eine nicht unstrittige Sache ist, die wir weder negieren noch wegwischen können. Wir haben hinzugefügt, dass das Böse unbegreiflich ist. Dies lässt uns die enthüllende Kraft des Bösen entdecken. Das Böse offenbart uns, dass es eine unbegreifliche Sache gibt, dass die Wirklichkeit nicht in der Rationalität, im Bereich des intellektuellen Verstehens eingekapselt werden kann. Und hier eröffnet sich eine bedeutende metaphysische Option. Die Alternative ist folgende: Das Böse würde zwar der menschlichen Intelligenz unbegreiflich sein, nicht aber der göttlichen Allwissenheit. In diesem Fall würde Gott das Böse kennen, womit es aufhören würde, Böses zu sein. Für Gott gäbe es kein Böses, und die Folter, der Hass und die Ungerechtigkeit wären genau genommen nichts Böses; wir sind die Kurzsichtigen. Wenn Gott es erlaubt, muss es irgendeinen Grund dafür geben, pflegt man zu sagen, und wir trösten uns damit zu sagen, dass das Böse ein Rätsel ist (das wir dereinst im anderen Leben lösen werden – wenngleich es nach dem Tode ja auch die Hölle geben kann, die uns daran erinnert). Der Monotheismus zeigt hierfür keine Lösung. An dieser Stelle muss jedoch eine philosophische Voraussetzung erwähnt werden: die von der Erfassbarkeit der Wirklichkeit durch den Intellekt. Ein allwissender Gott ist tatsächlich jenes Wesen, das alles weiß und der aufgrund dieser Tatsache erkenntnisfähig ist. Das allwissende Wesen kennt alles Erkennbare, aber nicht notwendigerweise alles Wirkliche, sofern wir Wirklichkeit und Erkennbarkeit nicht miteinander identifizieren.

Dies führt uns zu einer anderen Option der Alternative. Das Böse ist wirklich, es ist der dunkle Teil der Wirklichkeit, die unbegreifliche Facette. In das Abenteuer des Wirklichen wäre Gott ebenso einbezogen wie wir, seine Mitwirkenden – freilich auf sehr verschiedene Weise.

Soweit es uns betrifft, können wir die Schlußfolgerung ziehen, dass das Eingehen auf das Böse auch zur Gotteserfahrung gehört. Und manchmal kann Gott uns den praktischsten und notwendigen Weg dahin zeigen, ohne metaphysische Höhenflüge und intellektuelle Ausflüchte: „Widerstehet dem Bösen nicht" (Mt 5, 39); dem Bösen also mit offenem Visier gegenübertreten, ohne Angst und ohne Flucht.

d) Die Unschuld

Es gibt kein Mittel der Ausrottung des Bösen durch eine Gegenkraft des Bösen. Die *Versöhnung* ist die einzig wirksame Form, das Böse zu überwinden. Die dialektische Konfrontation führt nur zu einer Waffenruhe, bis die Besiegten erneut antreten. Das Böse ist undurchdringlich für den Verstand und folglich auch für das Urteil. Schon im Evangelium wird uns gesagt, dass wir nicht richten sollen (Mt 7, 1), vor allen Dingen innerlich. Weder erklärt der Verstand das Böse noch beseitigt er es. Dem stoischen *„vivere secundum rationem"* (Leben gemäß der Vernunft) setzt die christliche Liturgie das *„vivere secundum te"* (Leben gemäß Dir, Gott) entgegen. Das Böse kann nur durch das Herz umgewandelt werden. Der Verstand kann uns sogar dazu hinreißen, schlechte Taten zu begehen, mit der Erklärung (nicht mit dem Beweis), dass sie vernünftig sind. Ein reines Herz dagegen nicht – obwohl dies eine ausgezeichnete Tautologie wäre, wie alle fruchtbringenden Tautologien. Die Unschuld – jenes vergessene Glück (Mt 5, 5), wörtlich aus dem Sanskrit *a-himsa* übersetzt mit *in-nocens*, das dem *prays* des Matthäus entspricht – ist jene, die „das Land erben" wird und nicht das Böse besiegt. Die Schöpfung soll nicht zerstört werden.

Wir haben diese ganze Abschweifung gemacht, um jenen ihre Illusion zu nehmen, die sich einbilden, die Gotteserfahrung sei ein für privilegierte Seelen vorbehaltenes Feld, die das Böse niemals kennen gelernt haben. Trotz der romantischen Anthologien über das „Leben der Heiligen" sagen uns die Heiligen selbst, dass sie große Sünder sind. Wenn wir die Psychologie beiseite lassen, können wir dennoch sagen, dass die Erfahrung des Bösen sehr häufig der Ansporn zu neuer Hoffnung und der Ansatz zur Gotteserfahrung und manchmal Teil der Erfahrung selbst ist. Ein wirklicher Gott, der nicht bloß eine Vorstellung ist, kann das Vorhandensein des Bösen nicht ignorieren. Jesus Christus erlitt am eigenen Leibe die Erfahrung des Bösen und das Verlassensein von seinem Gott. Vielleicht hat die Wirklichkeit eine dunkle Facette, in die der monotheistische Gott nicht eindringen kann. Die Probleme sind erschreckend ernst, und unsere technokratische Oberflächlichkeit hat dafür wenig Gespür, trotz der vielfältigen Bekundungen des Bösen in unserer Zeit. „Es ist schrecklich, in die Hände des lebendigen Gottes zu fallen", ruft der Hebräerbrief aus (Hebr 10, 31). Das menschliche Dasein ist kein banales Kinderspiel.

e) Die Übertretung

Eine der Arten, sich der Transzendenz zu öffnen, die eigenen Grenzen also zu überwinden, um sich dem Unendlichen und dem Unbekannten auszuliefern, ist die *Übertretung*. Wenn man eine Norm, die man für bindend hält, überschritten hat, dann ist die Welt, in die man eingedrungen ist, so verwirrend, so unbekannt und furchterregend, dass die Vergebung oder die Verzweiflung sich als einzige Alternativen anbieten, die eine solche Übertretung nicht banalisieren; denn umkehren ist nicht mehr möglich. Wenn eine Übertretung vollzogen wurde, ist damit schon jede Möglichkeit des Rückzugs, der Reparatur des Schadens, abgeschnitten. Gerade in der Notwendigkeit, diese Furcht zu überwinden, über das begangene Böse hinweg zu springen, kann der Mensch eine Öffnung zur Transzendenz finden. Wir sprechen von der bewussten und verantwortlichen Übertretung. Wenn wir sie banalisieren, geht es nicht mehr um eine Übertretung, sondern um eine triviale Missachtung. Maria von Magdala liebte stark, damit man ihr viel verzieh. Dies ist ein *circulus vitalis* – Kreis des Lebens – und kein *circulus vitiosus* – kein Teufelskreis wie der des Verstandes.

Die Übertretung konfrontiert uns mit unserer Freiheit – und hier kommt unsere Verantwortung ins Spiel. Es gibt einen Satz von Jesus, der auf den ersten Blick verwirrt, der dem Kanon entspricht und nicht zurückgewiesen wurde, aber nicht in der Vulgata erscheint; er ist jedoch nicht apokryph, denn er befindet sich in vielen wichtigen griechischen Texten. Es ist eine Sentenz, die sich auf den Sabbat bezieht. Sie besagt, dass Jesus, als er über die Felder von Galiläa geht, einen Mann trifft, der am Sabbat bei der Arbeit ist, und zu diesem sagt: „Mensch, gesegnet bist du, wenn du weißt, was du tust" (den Sabbat zu übertreten mit allem Mut, der nötig ist, um dies zu tun, gesegnet seist du, wenn du das Gebot übertrittst im Wissen, dass du es übertrittst), „aber wenn du nicht weißt, was du tust, dann bist du verdammt und ein Übertreter des Gesetzes" (nach Lk 6, 4). Dies ist genau entgegengesetzt zur Beichtmoral – die verständlich ist –, nach der nicht schuldhafte Unkenntnis von Sünde befreit. Dies ist aber nicht der Fall bei der Moral, die dem oben Gesagten zu entnehmen ist und einer umstürzlerischen Behauptung Jesu nahekommt, dass nämlich der Sabbat für den Menschen, und nicht der Mensch für den Sabbat gemacht ist (Mk 2, 27f). Ohne Zweifel ist dies ein gefährlicher und verunsichernder Text. Man hat Sokrates verdammt und ihm vorgeworfen, er pervertiere die Jugend; Al-Hallâj und viele andere, weil sie eine Blasphemie verbreiteten oder die Ketzerei unterstützten; Jesus, weil er das Gesetz abschaffen, es zumindest relativieren und die Freiheit einführen wollte. Manchmal waren und sind nicht nur der Sanhedrin, sondern auch der Vatikan und viele andere Institutionen „klüger". „Die Wahrheit wird euch frei machen" (Joh 8, 32), aber die Freiheit ist gefährlich. Der Verstand ist oftmals der Grausamkeit zugeneigt, und das Risiko, ihm Widerstand zu leisten, ist das Kreuz. Der Mensch ist nicht nur Verstand.

Sagen wir nicht „*pecca fortiter*" (sündige noch mehr, um der größeren Gnade willen); es geht nicht darum, eine Apologetik der Sünde oder der Anarchie zu schaffen. Beschränken wir uns auf unseren Fall. Die Erfahrung der Übertretung, letztlich auf rein psychologischer Ebene, begünstigt die Öffnung für ein Mehr, leitet eine Veränderung ein, etwas Neues, und wandelt den Menschen. Dem Prototypen des vollkommenen Heiligen, der niemals gesündigt hat, der nie gefallen ist und Böses getan hat, mangelt die Erfahrung des Fallens, der Schwäche, des Versagens, der Kontingenz; ihm fehlt das Erfahren eines bestimmten Schmerzes im eigenen Fleisch, ohne den es sehr schwierig ist, die menschliche Befindlichkeit zu verstehen und anzunehmen, die Gemeinschaft, die Begegnung mit dem Anderen, ohne die schließlich die Liebe nicht möglich ist. Die Liebe (im Unterschied zur Barmherzigkeit und zum Mitleid) ist ein gemeinschaftliches Band, das Ausgleich schafft. Man kann nicht von außen her lieben. Man muss sich auf einer gemeinsamen Ebene befinden. Daher ist der Liebende verletzbar. Ohne die *kenosis*, die Selbstentäußerung Jesu Christi kann man seine ‚Erlösung' durch Liebe nicht verstehen. „Den, der keine Sünde kannte, hat er [Gott] für uns zur Sünde gemacht" (2 Kor 5, 21). „O felix culpa", o glückselige Schuld, singt die Liturgie.

Die christliche Scholastik diskutierte leidenschaftlich darüber, ob Christus sich inkarniert haben würde, falls der Mensch nicht gesündigt hätte. Von jeher hat Duns Scotus, der dies bejahte, mich mehr überzeugt als der heilige Thomas, der dazu neigte, es zu verneinen. Christus kommt nicht nur, um eine Wunde zu heilen oder eine durch die Sünde gestörte Ordnung wiederherzustellen, sondern auch, um die Schöpfung bis zur göttlichen Kulmination zu erheben. Aber all dies sind Luftschlösser, da es Tatsache ist, dass die Situation der Menschheit und des Kosmos, wie sie aus den schöpferischen oder permissiven Händen Gottes hervorging, eine Situation der Disharmonie ist – der Ursünde, um es traditionell auszudrücken. Die Gotteserfahrung kann dann nicht Erfahrung des wirklichen Gottes sein, wenn es um eine Flucht aus dieser Welt geht und um einen Fluchtweg in einen empyreischen Himmel eines exkarnierten Gottes. Dies kann nicht die christliche Erfahrung des göttlichen Mysteriums sein, das von einer göttlichen Inkarnation untrennbar ist – nicht nur wie eine Herabkunft als Lehrbeispiel (wie im Fall eines *avatara*), sondern als Ereignis, das im Allerinnersten der Trinität und der Weltgeschichte vonstatten geht. Sagen wir also, dass die christliche Gotteserfahrung auch die Erfahrung des Bösen einschließt; es ist nicht die Erfahrung einer Vorstellung, sondern jener Dimension der Wirklichkeit, die wir Gott nennen und von der die Christen glauben, dass sie mitten im Herzen des Kosmos inkarniert ist. An diesem Punkt angekommen, wäre es angebracht, tiefer zu entfalten, was wir im Hinblick auf die Unterscheidung gesagt haben, die wir zwischen Christus und Jesus gemacht haben.

Die tiefe Meditation über das Böse, das den Ungehorsam, die Übertretung und zuletzt den Sinn der Sünde transzendiert, führt uns zu einer neuen Facette der Gotteserfahrung, die dennoch eine der Offenbarungen der Wirklichkeit ist. Das Problem des Bösen spaltet die abstrakten Gedanken, die wir uns über Gott machen, und lässt uns erkennen, dass wir nicht auf alles eine Antwort haben. Es macht uns bescheiden, macht uns menschlich und realistischer; es lässt uns erkennen, dass es nicht nur die Gemeinschaft der Heiligen, sondern auch die Gemeinschaft der Sünder gibt, und lässt uns erkennen, dass das Leiden Christi auch Gottes Leiden ist.

In demselben Maße, wie unsere Betrachtung über die Liebe einer Erläuterung über das Du bedurfte, erfordern diese Bemerkungen über das Böse den nun folgenden Abschnitt.

6 Die Vergebung

Es ist bezeichnend, dass eine große Mehrheit der modernen theologischen Nachschlagewerke das Wort „Vergebung" übergeht. Einige gehen, wenn sie es behandeln, kaum über einen vorherrschend juristischen, moralischen oder liturgisch–sakramentalen Aspekt hinaus. Man pflegt es zu interpretieren als einen Verzicht darauf, für ein Delikt oder eine Beleidigung die ‚verdiente' Strafe zu fordern. Als Akt der Großzügigkeit kann dies uns sicher Gott näherkommen lassen, aber hier beziehen wir uns auf etwas viel Grundsätzlicheres.

Wir konzentrieren uns hier auf die Erfahrung der Begegnung mit Gott im Akt des Vergebens. Es geht nicht, dass etwas ungeschehen gemacht wird. Ganz im Gegenteil. Wir verstehen unter Vergebung mehr als den Akt, eine Schuld zu löschen, keine ausgleichende Gerechtigkeit zu verlangen oder sich auf einen versöhnenden Schiedsspruch einzulassen. Diese Aussöhnung beruht meist auf Gegenseitigkeit, obwohl darin viele Ebenen enthalten sind. Vergebung ist jedoch mehr. Sie ist eine aktive Geste, die keiner Gegenleistung bedarf und zu ebenso absichtsloser Erwiderung einlädt.

Eine Textstelle des heiligen Johannes (20, 22.23) bringt den Empfang des Heiligen Geistes in Verbindung mit der Fähigkeit zu vergeben. In der Tat empfindet derjenige, der fähig ist zu vergeben, dass er es nicht aufgrund einer gedanklichen Schlussfolgerung tut noch aus der Überlegung des gesunden Menschenverstandes heraus, dass wir ohne Vergebung uns selbst und auch dem anderen Schaden zufügen. Der Akt des Vergebens entzieht sich der Herrschaft des Willens. Ich kann darauf verzichten, Genugtuung zu verlangen, Bestrafung zu fordern, dem, der mich beleidigt hat, Böses zu wünschen, und ich kann versuchen, es zu vergessen. Aber ich kann nicht vergeben durch einen Willensakt. Der Wille gehorcht mir nicht. Es ist mehr dazu nötig: der Heilige Geist, eine Stärke, die mir geschenkt wird, etwas, das nicht aus meinem Ego kommt und das mich ebenso befreit, wie es den „Sünder" befreit. Nur Gott kann vergeben, erkannten schon damals die Juden.

Wir wiederholen, dass die Vergebung nicht die gegenseitige Versöhnung ist, es ist nicht ein Pakt des Nicht-Angreifens oder des Verzichts auf Rache (oder Genugtuung). Die Erfahrung der Vergebung gehört einer anderen Gattung an. Zuerst fühlen wir unsere Unfähigkeit. Wir möchten manchmal vergeben, aber wir können nicht. Wir vergelten nicht Böses mit Bösem und werden uns nicht rächen, aber Vergeben gehört zu einer anderen Wirklichkeitsebene. Es wird wie eine Gnade erfahren, wie etwas, das wir nicht zu tun vermochten und das uns eines Tages gelingt.

Das Fehlen von Vergebung ist das, was das negative Karma in der Geschichte der Menschen anhäuft, die, während sie vom Sieg des Guten über das Böse träumen, von Rache zu Rache schreiten, von Reparationen zu Kontrareparationen und von Krieg zu Krieg. Wenn wir zum Beispiel einem Hitler nicht vergeben, wird seine Schlechtigkeit in den Diktatoren und Monstern wiederkehren, die es fertig gebracht haben, (militärisch, wirtschaftlich oder religiös) bis zu den Gipfeln der politischen Macht aufzusteigen. Der Mensch ist verantwortlicher Faktor der Geschichte.

Wer fähig war zu verzeihen, ist mit Gewissheit Gott begegnet. Die Erfahrung der Vergebung zerreißt alle unsere Schemata, sowohl die der Intelligenz als auch die des Willens. Die Intelligenz kann nicht verleugnen, dass mir nicht wieder gut zu machendes Unrecht geschehen ist (wenn meine Tochter zu Tode gefoltert wurde). Der Wille kann nicht zu wollen aufhören, dass „Gerechtigkeit" geübt und die Schuld beglichen werde. Und wenn ich vergebe, soll es nicht darum sein, weil ich an einen Vorteil denke (wer weiß, ob es eine gute Lehre ist?) oder weil ich vergeben will (um gut zu sein oder Verdienste anzuhäufen), sondern ich tue es spontan und frei (wenn ich wirklich vergebe). Etwas oder jemand aus dem Innersten meiner selbst hat mir die Kraft gegeben (mich in-spiriert), um zu vergeben. Der Heilige Geist hat in mir und durch mich gewirkt.

7 Entscheidende Augenblicke des Lebens

Weder ist die Zeit homogen noch ist das menschliche Leben eine undifferenzierte Abfolge von Ereignissen. Es gibt besondere Augenblicke im Leben jedes einzelnen Menschen wie auch schwerwiegende Augenblicke im Menschenleben als solchem.

Die Geburt, ein Todesfall, die Initiation, die Hochzeit, eine Krankheit, eine Begegnung, eine Liebe, die glanzvolle Entdeckung einer ästhetischen oder intellektuellen Erfahrung und viele andere Ereignisse des menschlichen Lebens erwecken uns zu einer Dimension, die manchmal ganz im Verborgenen unseres Seins zu schlafen schien. Wir hatten keine Vorstellung davon, dass wir mit solcher Intensität und Tiefe leben könnten.

Oftmals ist es deutlich eine Erfahrung religiöser Art. Ein anderes Mal entspricht das, was wir ‚erfahren', nicht dem, was gewöhnlich unter Gott und Religion zu verstehen ist. Wir neigen dazu, diese scheinbar von einer „religiösen" Interpretation entfernteren Erfahrungen für ebenso überzeugend zu halten wie die vorher genannten. Allgemein haben diese Augenblicke der Freude oder der Trauer einen festlichen Rahmen. Das Fest ist der natürliche Ort der Begegnung mit dem Numinosen.

Gott kann man in keinen Tempel einsperren, wenngleich wir diesbezüglich nicht zu ikonoklastisch, zu bilderstürmerisch, sein sollten, um zu entscheiden, wo das Göttliche seinen Aufenthalt nehmen mag und wo nicht. Auch wir sind Tempel des Heiligen Geistes.

Die so genannte „Heiligung der Feste" – und jede Religion hat ihre Festlichkeiten – kann nicht reduziert werden auf jenes überholte Verbot von „sklavischen Arbeiten" – das zu jener Zeit gerade zur Verteidigung der Armen erwirkt wurde. Jene Heiligung erinnert uns wieder daran, dass Gott der Gott des Festes ist und somit die Feier ein bevorzugter Ort, Gott zu begegnen.

Wir sprachen schon von der Freude. Das Fest unterstreicht das verbindende Wesen der Freude, der Anteilnahme, des Austausches zwischen den drei Welten: dem Materiellen, dem Menschlichen und dem Göttlichen.

Diese Augenblicke habe ich entscheidend genannt, weil sie uns unter anderem einen Scheideweg aufzeigen. Es sind Momente, man könnte sagen, einer Diskontinuität, die uns auf existentielle Weise dem gegenüberstellt, was einige Scholastiker „fortwährende Schöpfung" nannten und die Buddhisten die konstante Neuschöpfung von allem, da es ja keine dauerhaften Substanzen gibt. Die Evangelien selbst sprechen zu uns nicht nur von einem neuen Himmel, sondern auch von einer neuen Erde, was nicht nur eschatologisch, endzeitlich ausgelegt werden muss. Einer der phänomenologischen Züge Gottes ist der, ein stets Neuer zu sein und für uns immer überraschend. Auch auf die Gefahr hin, zu paradox zu sein, sage ich ohne Umschweife: Die Fähigkeit zu Überraschung und Bewunderung ist nichts weniger als eine Voraussetzung für die Gotteserfahrung.

Der Gott der Vergangenheit ist nichts als ein ‚Konstrukt‘ des Verstandes, und nicht der „lebendige Gott".

Unter den entscheidenden Augenblicken des Lebens ragt der Tod heraus. Er ist unstrittig ein Ort der Begegnung mit dem Mysterium. Über den persönlichen Tod können wir keine Erfahrung haben, wohl aber über den Tod der anderen, ganz besonders derer, die wir liebten. Diese Liebe befreit uns, wie wir schon andeuteten, von der individualistischen Einkapselung. Der Tod eines geliebten Wesens offenbart uns, dass unser Ich nicht mit unserem Körper und nicht mit unserer Individualität enden wird. Es ist nicht das Erlebnis des Todes des Anderen (das wir nicht haben können), sondern die Erfahrung von etwas, das auch in uns stirbt; diese Erfahrung bleibt uns zu Eigen, und wir können davon eine völlig wache Bewusstheit behalten, da ja das Subjekt der Erfahrung lebendig bleibt. Wir sagen nicht, dass das Unaussprechliche, das Unbegreifliche an sich schon identisch mit der Gotteserfahrung sei, aber doch ist es ein bevorzugter Ort einer solchen Erfahrung.

Doch da ist mehr, der Tod ist nicht nur ein physiologisches Phänomen. Der Tod des Ego, von dem praktisch alle spirituellen Überlieferungen auf der Erde sprechen, ist etwas sehr Reales mitten im Leben. Der *jīvanmukta*, der Auferstandene, der in der Gnade Gefestigte, der Verwirklichte – solche Menschen sind bereit für die Gotteserfahrung. In ihnen ist aller Egoismus gestorben. Aus dem alten Menschen wird ein neuer Mensch. Man muss „nichts" sein, um in uns den Schöpfer des Nichts zu erfahren.

Wenn wir von entscheidenden Augenblicken sprechen, denken wir nicht allein an das, was Stefan Zweig „Sternstunden der Menschheit" genannt hat, also sinaitische, jordanische, budhgayische, vrindabanische Ereignisse und weitere Tatsachen historischer Transzendentalität, sowohl gesellschaftlich als auch persönlich. Ich denke auch an jene Augenblicke, die ich als in den Zwischenräumen lauernde bezeichnen würde – ohne eine Transzendenz, die sich auf Historisches oder Persönliches bezieht. Es sind jene kleinen, bescheidenen Augenblicke, die zwischen zwei dem Anschein nach wichtigeren Akten auf der Bühne des Lebens stattfinden. Wir haben einen Zug verpasst, ein Brief kommt nicht an, ein Besuch verzögert sich, ein eilig getrunkener Kaffee ist zu heiß, und wir kommen zu spät zu einer Verabredung . . . Wir „verlieren Zeit", und es scheint ganz so, als ob die göttliche Dimension der Wirklichkeit sich in dieser Belanglosigkeit versteckt hätte. Es steht geschrieben, dass Gott ein verborgenes Wesen ist – dessen Tabernakel die Finsternis ist und dessen Vergnügen darin besteht, mit den Menschen sein Spiel zu treiben, ohne den Alltag auszuschließen, noch nicht einmal den Sex. Es ist nicht nötig, dass es ein Sturz vom Pferd oder die Begegnung mit einem Engel ist. Manchmal ist es nur ein Stolpern auf der Straße: „der Gott der kleinen Dinge". Manchmal ertappt er uns „unversehens", und ein anderes Mal gibt er uns Energie und Inspiration. Weder das Reich Gottes kommt mit Pauken und Trompeten, noch stellt sich der Bräutigam oder der Dieb zur vorgesehenen Stunde ein . . . Wahrscheinlich bedarf es gar keiner weiteren Erläuterungen. Einige Schulen der Spiritualität verstanden darunter „die Praxis der Gegenwart Gottes".

8 Die Natur

Das Nichtvorhandensein einer Advaita-Erfahrung (obwohl sie der Schlüssel für eine philosophische Anschauung der Trinität ist) hat dazu geführt, dass das Christentum sich von einem panischen Schrecken vor dem so genannten Pantheismus erfassen ließ. Wer den Monismus meiden will, gerät in die Gefahr des Dualismus. Gott und die Welt trennen sich radikal, wodurch der transzendente Gott immer überflüssiger wird, da er sich in einen Himmel zurückgezogen hat, der nicht mehr der astronomische ist, sondern ein Konzept. Der Schöpfer ruhte nicht nur am siebenten Tag, sondern zog sich, wie es den Anschein hat, in sein Reich zurück und ließ von der Schöpfung ab, da er ja einen evolutionistischen Superautomatismus angeregt hatte.

Der Mensch ist Gemeinschaftsmensch; aber die menschliche Gemeinschaft ist auch kosmisch. Der Mensch ist integrierter und sogar konstituierender Bestandteil des Kosmos. Die Natur ist einer der Orte, wo der normale Mensch mit dem göttlichen Mysterium tiefer in Berührung kommen kann. Unser Kontakt mit der Natur ist nicht vorrangig begrifflich, sondern lebensnah, was die Anteilnahme unseres Intellekts an der Erfahrung der Natur nicht ausschließt.

Wenn wir „Natur" sagen, denken wir an alles Natürliche, und nicht nur an eine verfeinerte und etwas gekünstelte Betrachtung. Dies führt uns dazu, eine Idee hervorzuheben, die diesem ganzen Abschnitt zu Grunde liegt. Die Gotteserfahrung ist nicht auf paradoxe Weise, sondern natürlicherweise das Nächstliegende und Natürlichste für den Menschen. Der heilige Thomas sagt schließlich in seiner *Summa* (I, q. 60, a. I ad 3), dass die *cognitio*, die *dilectio* und die *inclinatio naturalis*, die Erkenntnis, die Liebe und alle natürlichen Neigungen immer wahrhaftig und aufrichtig sind bzw. sein sollen, denn andernfalls wäre es eine Nichtachtung *(derogatio)* des Schöpfers der Natur.

Dass die Natur der Tempel Gottes sei, ist ein hinreichend bekanntes Bild, das aber im Allgemeinen auf solche Weise interpretiert wird, dass seine Transzendenz nur auf Kosten des Vergessens seiner Immanenz gewahrt bleibt. Alles, was der Pantheismus an Positivem bestätigt, ist akzeptabel. Sein Irrtum wäre durch Auslassung, und nicht durch Übertreibung bedingt. Alles ist göttlich, obwohl das Göttliche sich in diesem Alles nicht erschöpft, das wir die Wirklichkeit nennen. Eine etwas weniger unvollkommene Metapher ist vielleicht diejenige, die einige religiöse Traditionen entwickelt haben: Die Welt ist der Leib Gottes, nicht in cartesianischer Trennung, sondern in positiver Symbiose, wo die Differenzen nicht beseitigt werden, aber die Trennung überwunden wird.

Die Erfahrung des Göttlichen in der Natur beschränkt sich nicht auf ein tellurisch-numinoses Empfinden eines *mysterium fascinans et tremendum*, eines faszinierenden und erschütternden Geheimnisses. Die Verbindung ist viel inniger. Es handelt sich nicht darum, mit dem kausalen Denken eine Pirouette zu drehen, um bis zur ersten wirksamen Ursache zu springen, die vom Verursachten getrennt und trennbar ist. Die „Schöpfung" ist nicht vom „Schöpfer" getrennt. Wenn der Schöpfer für einen Augenblick von der Schöpfung abließe, würde die Schöpfung ins Nichts zurücksinken, wo sie hergekommen ist. Im Rahmen der Kausalität kann der Intellekt sich bis auf Gott zurückführen, aber der Mensch ist nicht reiner Intellekt, und seine Verbindung mit Gott ist unmittelbar und bedarf nicht der Vermittlung des Verstandes – obgleich dieser den rationalen Weg bahnen kann.

Die Natur ist nicht nur ein privilegierter Ort, um Gott zu begegnen, sondern sie ist der natürliche Ort. Diese Erfahrung kann mit vielen Formen ausgestattet sein und ist einer nicht endenden Zahl von Deutungen unterzogen worden. Hier wollen wir nur eine Bemerkung im Einklang mit dem machen, was wir gesagt haben.

Die Erfahrung Gottes in der Natur ist nicht vorrangig die Erfahrung ihres Urhebers, ob Erfinder oder Künstler; es ist nicht die Erfahrung einer anderen Kraft, die das, was wir die natürliche Ordnung nennen, erhält oder ihr zum Sein verhilft, sei es eine Entdeckung durch unseren Sinn für Ästhetik, sei es eine Enthüllung durch Berechnung, am Mikroskop oder am Teleskop – auch noch so ausgeklügeltes Denken ändert nichts daran: Keinesfalls werden wir uns bis zum Schöpfer der Natur „erheben" oder in den mysteriösen Kern des Kosmos vordringen. Es geht primär um eine einfachere und tiefere Erfahrung. Es ist weder die von Immanenz noch von Transzendenz, es ist nicht die Erfahrung eines Anderen, sondern die Erfahrung einer Präsenz, einer realeren Präsenz der Sache an sich und davon, dass wir nicht außerhalb stehen. Danach können die Interpretationen kommen: Die Gotteserfahrung ist also die ganzheitliche Erfahrung des Menschen, bei der die Natur nicht abwesend ist.

9 Das Schweigen

Wir haben schon oben gesagt, dass das Schweigen eine unverzichtbare Bedingung ist, damit unser Gespräch über Gott nicht zu bloßer Verstandesarbeit degeneriert. Jetzt wäre es angebracht, erneut das Schweigen wirken zu lassen – nicht nur als Zustand, sondern auch als eine Atmosphäre, in der die Gotteserfahrung atmen kann, ohne im Redeschwall der Dialektik zu ersticken.

Die apophatische Theologie, die uns viele Male in Angst

versetzt hat, lenkt unsere Aufmerksamkeit hin zur Kontemplation. Man findet Zugang zur Kontemplation, wenn man zuhören kann und wenn man beim Zuhören wahrnimmt, dass das höchste Wissen Nicht-Wissen ist und dass jedesmal, wenn man Gottes Namen ausspricht – nämlich als Begriff –, dies fast eine Profanisierung, eine Blasphemie, ist.

Es gibt einige Aussprüche von Angelus Silesius (im *Cherubinischen Wandersmann*), die uns dazu anhalten, nicht aus dem Raum des Schweigens herauszutreten, um Eingang in die Gotteserfahrung zu finden, da Gott selbst das Schweigen ist. Diese Verse gehören zum Werk:

Gott ist so über all's, dass man nicht sprechen kann,
Drum betest du ihn auch mit Schweigen an. (I, 240)

Schweig, Allerliebster, schweig: kannst du nur
gänzlich schweigen,
So wird dir Gott mehr Gut's, als du begehrst, erzeigen.
(II, 8)

Mensch, so du willst das Sein der Ewigkeit
aussprechen,
So musst du dich zuvor des Redens ganz entbrechen.
(II, 68)

Wenn du Gott gedenkst, so hörst du ihn in dir,
Schweigst du und wärest still, er red'te für und für.
(V, 330)

Niemand red't weniger als Gott ohne Zeit und Ort:
Er spricht von Ewigkeit nur bloß ein einzig Wort.
(IV, 129)

Die einzige Weise, von Gott zu sprechen, ist die im Vokativ; der Nominativ entfällt, und die übrigen Fälle sind Anthropomorphismen oder gar Idolatrie. Der Vokativ ist der Ruf, der vom Grund der Seele kommt, also von dem Grund, der es noch nicht einmal wagt, von einem selbst gehört zu werden: Nur wenn die linke Hand nicht weiß, was die rechte tut, ist die Tat der rechten echt (Mt 6, 3), das Gebet ist nur echt, wenn es mir aus dem Seelengrund kommt und in meinem Innern weilt (Mt 6, 5 ff). Das Übrige, sagt Christus, pflegen die Heiden zu tun (Mt 5, 47; 6, 32), die Gebete sprechen, Psalmen lesen, lobpreisen, singen, doch nichts von alledem gelangt zu Gottes Ohr. All dies sind Annäherungen, Gesten, die manchmal gut enden, wenn sie guten Willens geschehen, die uns aber zu glauben verleiten, dass wir Gott manipulieren können.

Gott ist ein unübersetzbares Symbol und für viele wahrscheinlich ein unersetzliches. Aber wir müssen uns dessen bewusst sein, dass es ein Symbol ist, das sich in einem Wort ausdrückt. In einem Wort, das etwas ausdrücken will, das an sich unsagbar ist und das wir verwenden, um auf ein Mysterium zu verweisen, auf einen Ort, der der Freiheit gehört, und ein zum Unendlichen hin offenes Reich.

Es ist nicht möglich, Gott im üblichen Sinne des Wortes zu „kennen". Die einzige Möglichkeit, ihn zu kennen, ist, dahin zu gelangen, Gott zu sein. Der Zugang, wenn man so sagen will, kann nicht bloß gnoseologisch sein. Es gibt keinen Begriff und keinen Hinweis, die diese substantielle Fühlungnahme verschaffen könnten, die unbegreiflich und auf keine Sprache reduzierbar ist. Nochmals spricht zu uns der deutsche Mystiker, der sich zum Echo einer übereinstimmenden Tradition macht:

Je mehr du Gott erkennst, je mehr wirst du bekennen,
Dass du weniger ihn, was er ist, kannst kennen.

„Der Weise möge die Weisheit praktizieren und nicht zuviel in Reden verfallen, die nur leeres Geschwätz sind", sagt eine *Upaniṣad* (Brihadaranyaka IV, 4, 21).

Wenn wir zusammenfassen, was die religiöse Tradition der Menschheit uns lehrt, können wir sagen: Gotteserfahrung lässt sich nur dann ermöglichen, wenn man ein dreifaches Schweigen erreicht hat – und es muss sogleich hinzugefügt werden, dass Schweigen nicht gleichbedeutend ist mit „zum Schweigen bringen". Schweigen heißt nicht künstliche Unterdrückung der menschlichen Wünsche und auf keinen Fall Repression. Der *nirodha* des *yoga* bedeutet nicht eine aktive Unterdrückung; das taoistische *wu wei* (Nicht-Tun) verteidigt nicht die Faulenzerei; die *Gelassenheit* von mittelalterlichen Mystikern schließt moderne Aktivität nicht aus (allerdings jeden Aktionismus); die ignatianische *Indifferenz* meint nicht die Gleichgültigkeit gegenüber dem Menschlichen; in gleicher Weise können wir auch nicht die epikureische *Ataraxie* oder die stoische *apatheia* als eine unmenschliche Unempfindlichkeit auslegen – trotz des Missbrauchs, der damit getrieben wurde.

Folgende drei Arten des Schweigens sind zu unterscheiden:

a) Das Schweigen des Denkens setzt voraus, dass alle Gedankenarbeit zur Ruhe gekommen ist. Das menschliche Dasein ist ja weit mehr als nur eine Schlussfolgerung aus Syllogismen, die aus Grundprinzipien abgeleitet sind. Das Denken bewahrt Schweigen, wenn es respektvoll vor den letzten Fragen über das Nichts verstummt, die der Verstand selbst gestellt haben kann. Sich bewusst werden, dass wir nicht alles verstehen können, das befreit das Denken von einer oft niederdrückenden Last. Die lateinische Liturgie spricht nicht von einem *vivere secundum rationem*, von einem rationalen Leben, sondern von *vivere secundum te*, von einem gerade dir entsprechenden Leben – durch Christus und den Heiligen Geist. Das fordert keineswegs, dass der Verstand nicht über seine Rechte und sein Gebiet verfügen soll. Auch bedeutet es nicht, dass der Verstand nicht der entscheidende Führer des Menschen ist – um so mehr als es in seiner Kompetenz liegt, jede irrationale Handlung zu verbieten. „Weder durch Belehrung noch durch mentale Anstrengung, noch durch Studium der Schriften gelangt man zum Atman", erinnert uns erneut die *Katha Upaniṣad* (I, 2, 23).

b) *Das Schweigen des Wollens* ist noch schwieriger zu erreichen, und es gelingt uns nicht, wenn wir es wollen, nicht zu wollen, und sogar dann nicht, wenn wir einfach nicht wollen, sondern erst dann, wenn das Wollen sich nicht in Szene setzt, sondern sich harmonisch in das Ganze, in das *tao* einfügt – und das will, was gewollt werden soll, um es mit einem Paradox zu sagen. Der freie Wille ist nicht die individualistische Zügellosigkeit, sondern der innerliche Dynamismus des Seins, der von keinerlei äußerlichem Faktor bestimmt oder mit beeinflusst wird. Es ist das, was viele Schulen die Reinheit des Herzens genannt haben, während andere vorgezogen haben, es als das leere Herz zu betrachten.

c) *Das Schweigen der Tat* bezieht sich auf die gewaltfreie Tat, die das Leben wie ein vollendeter Steuermann lenkt. Dieser folgt nicht genau der Windrichtung, sondern setzt die Segel so, dass er den Wind optimal nutzt. Die fruchtbare und wirksame Tat ist nicht nach der Anstrengung zu messen und nicht nach dem ausgelösten Wellenschlag, sondern nach der Kraft, mit der sie die Ereignisse des Lebens in die rechte Bahn lenkt, sowohl auf der persönlichen als auch auf der historischen und letztlich kosmischen Ebene. Der tiefe, häufig missverstandene Sinn der sogenannten Pflichten und Gebote besteht gerade darin, uns zum *karmayoga* einzustimmen, um hier die Formulierung aus der *Gītā* zu verwenden. „Deine Gebote sind freundlich und befreien das Herz", singen die Psalmen Israels.

Anders gesagt, der Mensch erfährt die Unendlichkeit sowohl über den Intellekt – durch die Erkenntnis, dass er niemals an ihr Ende gelangt – als auch über das Herz – durch die Liebe, die das geliebte Objekt niemals ganz erreicht – und schließlich auch über die Tat, die niemals vollendet wird. Daher gebietet sich das Schweigen.

Die Gotteserfahrung ist, so paradox es klingt, jene Erfahrung der Kontingenz, die, indem sie sich als kontingent offenbart, auch den Berührungspunkt zwischen dem Endlichen und dem Unendlichen enthüllt. Wir nehmen wahr, dass sowohl unser Denken als auch unser Wollen und Tun weder ihren Ursprung noch ihr Ende ausschöpfen. Die Erfahrung der Göttlichkeit besteht genau darin, wahrzunehmen, dass wir selbst weder Anfang noch Ende haben. Es gibt so viele psychologische Wege zu dieser Erfahrung wie Personen; traditionelle Wege gibt es so viele wie Religionen; persönliche Wege so viele wie Frömmigkeitsformen; Gott gehört weder den einen noch den anderen, weder den Guten noch den Schlechten. Er transzendiert unser Wort und unsere Fähigkeiten. Durch diese Erfahrung der leeren Transzendenz erfahren wir die Leere, die Leerheit, in letzter Konsequenz das Schweigen.

Dieses Schweigen ist der einzige Raum der Freiheit. Es ist klar, dass das Denken nicht vollständig frei ist, weil es sich durch das Prinzip des Nicht-Widerspruchs unter Spannung befindet. Auch das Wollen ist nicht ganz unbefangen. Es sieht sich begrenzt durch das Gute. Das Tun ist nicht reine Aktivität, es macht sich auf den Weg zu einem Ziel, von dem es sich nun leiten lässt. Nur das Schweigen bietet einen Raum der Freiheit an. Und Gott ist Freiheit. Das Schweigen ist der „Raum" für die Gotteserfahrung.

Zusammenfassung

Jeder Ort ist geeignet für die Gotteserfahrung, wenn man es versteht, ihn bis auf den Grund zu erleben. Aber vielleicht können wir es zusammenfassen mit der Deutung einer traditionellen Erfahrung, deren Formulierung in einer großen Zahl heiliger oder landläufiger Texte auftritt: Gott ist das Leben. Die Erfahrung des Lebens kommt der Gotteserfahrung gleich. Sagen wir: Erfahrung, und nicht: Reflexion über das Leben. Sich lebendig zu fühlen ist ein rein biologischer Akt; das, worüber wir reden, ist aber nicht der physiologische *bios*, es ist nicht der *bios* irgendeiner individuellen Biographie, sondern die *zôê*, die im Evangelium „ewiges Leben" genannt wird und deren zeitgenössische Übersetzung „unendliches Leben" sein könnte. Wir beziehen uns nicht auf den Selbsterhaltungstrieb, sondern auf jene Lebendigkeit, die dem Menschen eigen ist, der fühlt, dass in seinen Venen etwas mehr als Hämoglobin und die übrigen physiologischen Zutaten strömen. Sich mit ewigem Leben erfüllt zu fühlen, bedeutet nicht, sich in einer linearen Zeit unsterblich zu glauben, sondern eher, die Wirklichkeit der Tempiternitas (ewige Zeitfülle im Hier und Jetzt) zu spüren, von der so viele Mystiker, Dichter und Philosophen sprechen. „Das Leben stirbt nicht", singen die Veden, und die Upanischaden vervollständigen es, wenn sie sagen, dass Gott *(brahman)* Leben ist. Dies war die Erfahrung eines Spinoza, als er sagte:

„Wir fühlen und erkennen, ewig zu sein"; später wurde er als Pantheist eingestuft, weil er seine Erfahrung eher mit dem Verstand allein interpretierte als mit dem ganzen Wesen, das auch körperlich ist. Wir dürfen nicht vergessen, dass das volle Leben, auf das wir uns beziehen, zugleich ein subjektiver und objektiver Genitiv ist: es ist die Erfahrung des Lebens an sich und die unserer Teilhabe an dieser Erfahrung; wir sehen uns, wortwörtlich ergriffen; wir erkennen, wie wir – von Gott und in ihm – erkannt sind; alle Initiative liegt bei ihm, beim Göttlichen, bei Gott. Gotteserfahrung als Gottes Erfahrung – mitten in uns, mitten unter uns. Geschrieben steht: „Ihr seid Götter" – und die Heilige Schrift kann sich nicht ‚auflösen'. Wer wirklich Gotteserfahrung ‚durchlitten' hat, wird nicht der Versuchung anheim fallen, sich vorzeitig zu vergöttlichen – und er wird sich zur trinitarischen „Idee" hingezogen fühlen.

★ ★ ★

Der Leser, der die Geduld gehabt hat (die immer heilsam ist: Lk 21, 19), bis zum Ende zu lesen, wird sich vielleicht über einen scheinbaren Widerspruch wundern zwischen den ersten Seiten, wo gesagt wurde, dass es keine mögliche Gotteserfahrung gäbe, und diesen letzten, die kaum weniger als die Universalität der Erfahrung des Göttlichen bestätigen. Daher erwähnte unsere einzige Anmerkung zu Anfang das Oxymoron als nicht-dualistische Denkart.

Es gibt keine Gotteserfahrung als pure Substanz und reine Transzendenz, als Kenntnis des Unendlichen. Aber es gibt eine direkte Erfahrung unserer Kontingenz, wie wir gesagt haben. Gerade sie ist es, in der wir das Unendliche berühren *(cum tangere)*. Die christliche Bezeichnung dieser Berührung heißt „Inkarnation". In einer anderen Sprache würde man sagen, dass man in der Erfahrung des *samsāra* das *nirvāṇa* berührt oder, prosaischer ausgedrückt: „Mitten im täglichen Einerlei waltet Gott" – in einem „Dazwischen", das nicht außerhalb von jenem Ort liegt, wo das Reich Gottes ist (Lk 17, 21). Wir begegnen Gott *zwischen* den Dingen: *in* seinem Innern und *zwischen* uns und ihnen.

Unser kontingentes Dasein ist zugleich menschlich und göttlich; beide Dimensionen berühren sich zutiefst. Wir können die Erfahrung nicht mit einem ausschließlich immanenten Gott machen, der sich in pantheistischer Identität mit uns verschmölze. Auch können wir nicht die Erfahrung eines ausschließlich transzendenten Gottes machen, was ein Widerspruch in sich selbst wäre. Gott geschieht als reine Verbundenheit. Man kann sagen, dass wir dieser Berührungspunkt sind. Grundgedanke dieser Meditation war die Absicht, einerseits eine Entfremdung, andererseits einen Kurzschluss zu vermeiden.

Epilog

Wer die Gotteserfahrung auf irgendeine Art erlebt hat, der hat seine zuvor noch immer geteilte oder gar zerstückelte Identität verloren. Es bleibt ihm eine jetzt wahrhaft identische Identität.

Die Gotteserfahrung widerfährt einem: Es ist nicht *meine* Erfahrung Gottes. Gott ist kein Objekt – weder von Glauben noch von Erfahrung. Es ist *die* Erfahrung *von* Gott – die sich *(ex-periri)* in mir vollzieht, an der ich mehr oder weniger bewusst teilhabe. Ich erfahre, ich darf erfahren, dass Gott mich erfährt und ergreift. Ich sehe mich ergriffen und erleuchtet; ich „bin" Gottes Erfahrung. Eigentlich ist der Satz in diesem Sinne ungenau, denn zu sagen, Gott mache die Erfahrung meiner selbst, bedarf der trinitarischen Erläuterung: der Sohn im Heiligen Geist ist diese göttliche Erfahrung.

Unsere Erfahrung Gottes ist die göttliche Eigenbewusstheit, an der wir teilhaben – indem wir nach christlichem Sprachgebrauch einen Teil des *Christus totus*, des ganzen Christus darstellen. Dies ist die Vergöttlichung.

Daraus resultiert, dass der „Gottesmann", um einen traditionellen Ausdruck zu gebrauchen, keine Identität hat, die ihn von den Anderen unterscheidet. Seine Identität identifiziert ihn mehr mit der ganzen Menschheit und dem gesamten Universum – er fühlt sich mehr als Jude mit den Juden, mehr als Grieche mit den Griechen, um den heiligen Paulus zu zitieren (1 Kor 6) – mehr alles als alle.

Ein Beispiel: „Der Gottesmann" fühlt sich durch kein Etikett identifiziert oder begrenzt: deutsch, indisch, Akademiker, Philosoph, gläubig, katholisch, Priester, männlich – noch nicht einmal Mensch seiend oder lebendig seiend.

Dies ist die Erfahrung der totalen Entäußerung, von der die Mystiker sprechen. Wer meint, dass z. B. das Etikett des „Christen", zum Beispiel, ihn von den „Ungläubigen" unterscheidet, verwechselt die Gotteserfahrung mit der Interpretation dieser Erfahrung. Wer als „Amerikaner", als „Wissenschaftler", als „Mann" spricht, abgesehen von im voraus bestimmten spezifischen Themen, lässt *die* Gotteserfahrung unberücksichtigt oder verwechselt sie mit *seiner* Erfahrung von Gott. Diese Erfahrung ist nicht das kritisierte ozeanische, prälogische oder primitive Gefühl. Es ist die letztgültige und universale Erfahrung, inkarniert im Konkreten und im Besonderen. Die Gotteserfahrung ist nicht trennbar von der Erfahrung des Spaziergangs mit dem Freund, der Mahlzeit, die man teilt, der Liebe, die man fühlt, der Idee, die man vertritt, dem Gespräch, das man einleitet, dem Schmerz, den man erleidet – in all dem entdeckt man eine dritte Dimension von Tiefe, von Liebe, von Unendlichkeit, die unaussprechlich ist. Es ist eine Entdeckung, die den Wert dessen enthüllt, was im Tiefsten und Wirklichsten in unseren menschlichen Taten verborgen lag.

In dieser Erfahrung erlebt man die Dimension der *Leerheit* aller Dinge, die nicht ihre *Nichtigkeit* ist. Die Dinge sind wirklich, offenbaren aber eine Leerheit, eine *Abwesenheit*, ein Mehr, wenn man es so nennen will, aber es ist kein „etwas Mehr", sondern vielleicht ein „etwas Weniger" als die Verabsolutierung der Sache oder des Geschehens, die wir erleben – etwas weniger als die Substantiierung (in sich) der Sache oder des Geschehens. Daraus erwächst die Gelassenheit, die heilige Indifferenz, das Ashakti (Nicht-haften, Unabhängigkeit, das *wu wei*, das Nicht-Tun) als die Grundhaltung des Mystikers, wenn wir diesen Namen demjenigen geben, der das Dritte Auge geöffnet hat.

Wir wiederholen, dass diese Sicht (des Dritten Auges) ohne die anderen zwei Dimensionen einfache Halluzination ist. Wir müssen aber noch hinzufügen, dass die *Interpretation* dieser Erfahrung vom kulturellen Kontext des Erfahrenden abhängt.

Eine dieser Erfahrungen ist die, der man den Namen „Gott" gibt, dem man wiederum eine große Vielzahl von Bedeutungen verleiht.

Eine Präzisierung ist angebracht. Dies ist kein Pantheismus, noch nicht einmal Panentheismus – soweit dieser nicht vervollständigt wird durch einen „Panempsychismus" und einen „Panenkosmismus". Alles ist in Gott, analog dazu, wie alles im höchsten Bewusstsein und im Universum ist. Jede einzelne dieser Dimensionen ist ineinandergreifend mit den anderen. Es ist das, was wir die kosmotheandrische Erfahrung genannt haben, die Perichorese des Wirklichen, das Leben der radikalen Trinität.

Es genügt die Übung des Schweigens, um der Musik dieser dritten Dimension ‚lauschen' zu können – obgleich das Wort „genügt" nicht bedeutet, dass die Fähigkeit, dieses Schweigen zu üben, nicht schon Gnade ist.

In diesem Sinne stimmt die Gotteserfahrung darin überein, Gott „in" allen Dingen zu sehen und zugleich alle Dinge „in" Gott – wenn das der Name ist, den wir ihm geben wollen.

Man versteht dann, dass der Mystiker der am freiesten

aktive Mensch ist. Er handelt frei, weil er in allen Dingen und Ereignissen einen leeren ‚Raum' sieht, der ihn daran hindert, fatalistisch zu sein, und es ihm möglich macht, mit jenem Vertrauen zu handeln, das ihn daran glauben lässt, dass das, was er tut, nicht vergebens ist, wenn er auch sein Tun nicht nach seinen unmittelbaren Wirkungen beurteilt (das *nais karma* der *Gītā*).

Die Gotteserfahrung lenkt also nicht von den Erledigungen des Alltags ab, welche es auch sein mögen. Es ist nicht die Erfahrung eines Gott genannten Objekts. Gott ist keine Sache. Es ist eine Erfahrung der Wirklichkeit in ihren drei grundlegenden Dimensionen.

Wenn wir eine andere Ausdrucksweise benutzen wollen, ist es zugleich die Erfahrung von der Sache, von uns selbst, umgeben von der Sache und von Gott, der beide zugleich ‚umfängt'. Es ist die Erfahrung der kosmotheandrischen Ikone der Wirklichkeit in jenem Augenblick des Raumes und der Zeit, unter unserer persönlichen Perspektive und im Licht unserer begrenzten – und konkreten – Sicht.

Wir haben gesagt, dass die Gotteserfahrung als subjektiver Genitiv zu verstehen ist, das heißt, Gott macht die Erfahrung nicht von einem solipsistischen eigenen Selbst, sondern von einem trinitarischen und daher innerlich verbundenen und Anteil nehmenden Wesen, in das auch wir und die ganze Schöpfung eintreten.

Diese von uns gemachte Erfahrung besteht, vom diesseitigen Ufer aus betrachtet, in der Wiedererlangung unseres Ursprungszustandes, nämlich des natürlichen, des – nach traditionellem Vokabular – paradiesischen Zustandes vor der Ursünde. Damit drücken wir aus, dass der Weg Erlösung, Befreiung, Verwirklichung ist.

Dieser Urzustand, obwohl er in uns entspringt, ist nicht etwas, das uns ohne weiteres gegeben ist; er muss erneuert, wiederhergestellt werden, wie z. B. die Viktoriner des 12. Jahrhunderts sagten.

In diesem Zustand erfährt man das, was die vom heiligen Paulus zitierte griechische Weisheit uns sagt, wenn sie uns erinnert: „Denn in ihm leben wir, bewegen wir uns und sind wir" (Apg 17, 28).

Es ist nicht die so genannte „Gegenwart Gottes" als die Präexistenz eines Wesens vor uns, sondern die mehr verinnerlichte und persönliche Erfahrung, nicht von einem Anderen bewegt, sondern dessen bewusst, dass alle unsere Handlungen und das letztgültige Subjekt unseres Seins jener unendlichen Quelle entspringen, die wir Gott nennen.

Wir wiederholen, dass die Erfahrung eines transzendenten Gottes nicht möglich ist: wir würden seine unbefleckte Transzendenz trüben. Die Erfahrung erfordert Unmittelbarkeit. In Wahrheit existiert „dieser" Gott nicht; er ist eine Projektion unseres Verstandes als Frucht einer monarchischen monologischen Zivilisation. Der trinitarische Gott ist etwas Anderes: wir sind eingeflochten in die göttliche Perichorese, in den göttlichen Dreiklang aller Wirklichkeit. Ich erfahre mich dann als „Sohn" (um der traditionellen Benennung zu folgen, die gemäß Thomas von Aquin nur eine Metapher ist – *Compendium theologiae* I, 40; S. th. I q. 27 a. 2).

Diese Gotteserfahrung ist die Erfahrung unseres tiefen Selbst, worin wir paradoxerweise inniger wir selbst sind und gleichzeitig uns übersteigen. Die Bedingung ist, reinen Herzens zu sein.

Die Gotteserfahrung besteht darin, mit der Ganzheit unseres eigenen Seins die Ganzheit des universellen Seins zu *berühren* – unseren Körper zu spüren, unsere Psyche und unseren Geist, die ganze Wirklichkeit *in* uns und *außerhalb* von uns. Dies ist paradoxerweise die Erfahrung der Kontingenz: Wir berühren in einem Punkt das Unendliche *(cum tangere)*.

Die Gotteserfahrung ist die Erfahrung des Mysteriums, das unser Leben von innen und von außen lenkt.

Spirituelle Erfahrungen

Aufrichtige Erzählungen eines russischen Pilgers
Herausgegeben und eingeleitet von Emmanuel Jungclaussen
Band 4947
Eine Kostbarkeit aus dem Schatz der Weltliteratur. Der Klassiker
russisch-orthodoxer Spiritualität in der vollständigen Ausgabe.

Willigis Jäger
Geh den inneren Weg
Texte der Achtsamkeit und Kontemplation
Band 4862
Willigis Jäger ist einer der bedeutendsten spirituellen Lehrer unserer
Zeit: tief verwurzelt mit einem kontemplativen Christentum und
vertraut mit dem radikalen Weg der östlichen Leere.

Dalai Lama
Unsere spirituelle Sehnsucht
Religiöse Erfahrung als Brücke zwischen
Buddhisten und Christen
Band 4758
Für das neue Jahrtausend – ein Pfad gemeinsamer Spiritualität. Zeugnis
eines religionsübergreifenden Dialogs, ganz praxisbezogen und lebensnah.

Thich Nhat Hanh
Das Leben berühren
Atmen und sich selbst begegnen
Band 4729
Aus- und Einatmen, das ist der Grundrhythmus des Lebens. So gelingt
es, gelassen einfach da zu sein und in Kontakt zu kommen mit seinem
Körper und mit der Welt um uns. Mit s/w-Fotos.

Bruno Borchert
Mystik
Das Phänomen – Die Geschichte – Neue Wege
Mit zahlreichen Abbildungen
Band 4530
Das Standardwerk: solide und kenntnisreiche Einführung, faszinierender
Überblick und spannende, anschauliche Darstellung.

HERDER spektrum

Jesus – der Zenlehrer
Das Herz seiner Lehre
Band 5503
„Leong macht auf spannende Weise klar: Die spirituelle Seite des Zen,
die Kunst des Lebens in der Haltung der Gelassenheit und des Vertrauens,
trifft sich mit dem Kern der Evangelien." (Prof. Dr. Ludwig Wenzler)

Karl Lehmann
Es ist Zeit, an Gott zu denken
Band 5054
Jürgen Hoeren stellt im Gespräch hartnäckig die Frage nach dem
archimedischen Punkt des Christseins.

Willigis Jäger
Die Welle ist das Meer
Mystische Spiritualität
Band 5046
Eine Sicht, die enge Grenzen sprengt und den tiefen Reichtum auch
anderer religiöser Kulturen erschließt.

David Steindl-Rast
Staunen und Dankbarkeit
Der Weg zum spirituellen Erwachen
Hrsg. von Werner Binder
Band 4424
Erfahrungen, die zu sich selbst und zur Mitwelt eine neue Wahrnehmung
und Haltung wachsen lassen.

Elie Wiesel
Die Weisheit des Talmud
Geschichten und Portraits
Band 4384
Im Talmud, dem Brennpunkt jüdischer Traditionen und Lebensmöglich-
keiten, stecken viel Witz, Scharfsinn und Lebensklugheit. Wiesel öffnet
die Türen zu den Schätzen jahrtausendealter Weisheit.

HERDER spektrum